Elise

Funke des Erwachens

André Nama'Him Meyr

Lebe die Liebe - liebe das Leben

Homepage unseres Autors:
www.celeson.com

Weitere Bücher von André Nama'Him:

Laotse´s Live Ticker - Die 3. Zeit hat begonnen
Ch. Falk Verlag, ISBN 978-3-89568-279-7

An die Lichtpioniere
Ch. Falk Verlag, ISBN 978-3-89568-223-0

Inhalt

Vorwort

Liebe Leserin, lieber Leser!

Dieses Büchlein soll dir Kraft und Zuversicht geben und kann das Bild der Welt, das du hast, vergrößern und vollständiger machen. Es soll dir glaubhaft versichern, dass es im Leben darum geht, die Liebe zu leben, und im Umkehrschluss eben auch das Leben zu lieben. Auf diese einfache Formel möchte ich das bringen, was sich jeder Mensch tief in sich wünscht. Das ist deine Sehnsucht, der Sinn.

Ich schreibe diese Zeilen, um die Herzen der Menschen zu erreichen, auf dass sie weich werden, sich selbst gegenüber, um Verständnis, Mitgefühl und ja – Liebe – für sich selbst zu erlauben. Mit einem Wort, es geht um Heilung – auf allen Ebenen.

Ich benutze im Buch die Du-Form, denn so möchte deine Seele angesprochen werden, und ich hoffe, dass du dich daran nicht störst. Das „Sie" baut eine Mauer auf, ist unpersönlich. Und es wird um Persönliches gehen, denn was könnte persönlicher sein, als die Liebe zu dir selbst?

Sehr viele Menschen assoziieren das Wort „Liebe" mit der Liebe zu anderen Menschen: Partner, Eltern, Kinder. Doch die Liebe zu sich selbst steht im menschlichen Bewusstsein meist nicht dort, wo sie hingehört: in den Mittelpunkt.

„Ist das richtig?", „Darf das sein?", „Ist das egoistisch?" Kommen dir spontan Gedanken dieser

Art? Wenn du erlaubst, möchte ich mir das mit dir einmal genauer anschauen und dich einladen, mit mir und deinem Goldenen Engel eine Reise zu unternehmen. Eine Reise dorthin, wo alles begann, sodass du erfährst, wer und was du in Wirklichkeit bist. Eine Reise, die dir ein Bild zeichnet, von wo du kommst und warum du jetzt hier bist. Eine Reise durch die Zeit, eine Reise durch die Dimensionen, eine Reise zu dir selbst. Du bist ein wesentlicher Bestandteil dieser Geschichte.

Viel Spaß beim Lesen und alles Liebe dir!

André Nama'Him

Anm.: Mit dieser überarbeiteten Neuauflage wurde dem Zeitgeschehen Rechnung getragen und somit den energetischen Veränderungen auf unserem geliebten Planeten Sol'A'Vana (früher: Erde). SOL'A'VANA ist ebenso die Energie des Atems Gottes. Auch das Planetenbewusstsein Lady Shyenna (früher: Lady Gaia) wird hier mit seinen ursprünglichen Tönen benannt.

Über die Autoren
Über dich und über mich

Ich mag diese Geschichte hier auf Papier gebracht haben, doch du hast sie mitgeschrieben. Da ich nicht weiß, wie es um deine Erinnerung daran bestellt ist, habe ich versucht, all das mit einzubringen, was meiner Ansicht nach wesentlich ist.

Wenn ich dich schon darum bitte, Gedanken und auch Gefühle der persönlichen Art, sprich dein Wesen, deine Seele beim Lesen mit einzubinden, dann gehört es sich an dieser Stelle auch, dass du mehr über mich erfährst – mehr als den Namen und was ich beruflich mache, sodass wir uns auf einer Seelenebene begegnen können. Denn das ist kein Sachbuch, sondern ein Stück weit mein „Baby", und es liegt mir sehr am Herzen – so, wie auch du mir am Herzen liegst. Es ist eine Liebeserklärung an dich, an alles, was du bist, und so, wie du bist. Denn du bist das Beste, was die Erde Sol'A'Vana trägt.

Es wäre durchaus möglich, dass du das schon fast als zu persönlich empfindest, als übertrieben. Doch das Gegenteil ist der Fall: Es ist selbstverständlich, und ehrlich gesagt noch untertrieben. Falls du dir dessen bisher nicht bewusst warst, wird das am Ende der Lektüre vielleicht anders sein. Du stehst im Mittelpunkt deines eigenen Lebens – nichts anderes, niemand anderes.

Ich brauche nicht dazusagen, dass das für jeden Menschen gilt – egal welcher Religion oder Nicht-Religion, egal welcher Hautfarbe und Herkunft. Du, wie jeder andere auch, bist hierhergekommen, um

dich zu erkennen. Ich frage dich an dieser Stelle:
„Wer bist du?"

Meistens wird darauf als Antwort der eigene
Vorname genannt, manchmal noch der Familienname
dazu. Wenn du dir diese Frage ernsthaft selber
stellst, begnüge dich nicht mit dieser Antwort,
denn sie ist falsch. Spätestens jetzt beginnt dein
Verstand vermutlich unruhig zu werden und möchte
Antworten liefern. Dabei ist es ihm völlig egal, ob
die Antworten richtig sind oder nicht. Er möchte dir
nur zeigen, dass er es weiß. Du sollst glauben, dass
du dich auf ihn verlassen kannst. Doch kannst du
das?

Schließe für einen Moment deine Augen. Atme
ruhig, in deinem eigenen Rhythmus, in deinen Bauch
hinein. Lasse es ruhig werden. Frage dich: „Wer bin
ich?", und – horche.Wenn du jetzt nicht denkst,
sondern es dir erlaubst zu fühlen, dann bist du ganz
nahe an der wahren Antwort auf die dringendste
deiner Fragen.

Warum ist es eigentlich so, dass das, was wir fühlen so
wenig Beachtung erfährt? Vielleicht, weil es sich nur
schwer in Worten ausdrücken lässt und wir ja glauben,
immer alles genau erklären zu müssen? Vermutlich
auch, weil sich Gefühle der Logik entziehen, und
der eifrige Verstand mag das gar nicht. Wenn uns
der Verstand etwas nicht erklären kann, werden wir
unsicher und bekommen Angst. Wir meinen dann
leicht, dass diese Angst von unseren Gefühlen

ausgeht, und versuchen diese zu beherrschen, anstatt unserem Denken Einhalt zu gebieten. Denn das absolute Gegenteil ist der Fall: Die Welt steht Kopf, weil sie zu viel denkt. Das Denken erzeugt Angst, nicht das Fühlen. Das ist es, was als der Kampf von Herz und Verstand bezeichnet wird. Dieser Kampf ist so alt wie die Welt selbst – der Kampf zwischen Licht und Dunkel.

Heißt das jetzt, dass alles, was Verstand ist, dunkel ist oder gar böse? Also, böse ist mal gar nichts! Das überlassen wir besser der Politik, die Welt in Gut und Böse aufzuteilen. Wenn man dunkel als die Abwesenheit von Licht bezeichnet, dann ist das Verstandesmäßige wohl eher dunkel. Der Verstand kann uns im Alltag schon mal behilflich sein, aber was er nicht hat und nie erreichen wird, ist Erleuchtung. Die Seele trägt das Licht. Der Verstand ist ein Konstrukt, nicht mehr als ein Werkzeug. Wie kommt es dann, dass die Menschen den Verstand über alles stellen, sich sogar mit ihm identifizieren, vor allem in der westlichen, „zivilisierten" Welt? Das wird dir schnell klar werden, wenn du die Hintergründe erfährst.

Nun habe ich dir noch gar nichts über mich erzählt – zumindest scheint es so. Wichtig wäre zu fragen: Was fühlst, spürst du? Kannst du mich spüren? Merkst du, dass es kein Computer ist, der diese Zeilen schreibt? Wir stehen in Kontakt, scheinbar über das Buch, das du in Händen hältst – scheinbar. Die Logik würde es irgendwie so erklären. In Wahrheit stehen wir immer in Verbindung miteinander, du und ich, alle anderen Leser und ich und du – alle. Wir sind alle miteinander verbunden – untrennbar. Was dich erwartet, ist, dass dir das ganz bewusst wird, und dann kannst du es fühlen – ganz einfach, ganz natürlich. Diese Art der Wahrnehmung läuft ständig, doch ein Teil in dir möchte dir erzählen, dass du dir das einbildest, dass das alles nur ein Hirngespinst ist. Doch das Hirngespinst ist das Hirngespenst selbst. Gedanken drücken sich in Worten aus, die Sprache des Verstandes. Die Sprache der Seele sind Bilder und das Fühlen. Auf diese Art kann deine Seele das Große wahrnehmen, das hinter allem steht, jenseits dessen, wie es zu sein scheint. Ein Bild – und vor allem ein Gefühl – ist immer größer, vollständiger, als es ein Gedanke oder Wort je sein könnte. Das ist der Grund, warum es nur ansatzweise möglich ist, die Seelenwelten in Worte zu kleiden. Darum kann man auch Gott weder beschreiben noch einen Beweis für seine Existenz erbringen. Egal, was der Verstand auch jemals hervorbringen wird, an Theorien, an Berechnungen, an Maschinen, an Messgeräten, er kann nichts erschaffen, das in der Lage wäre, Gott zu erfassen – nie. Warum? Weil der Verstand zutiefst begrenzt und selbst nicht dazu in der Lage ist. Und das, obwohl doch gerade „er" so gerne einen Beweis hätte – welch ein Dilemma, mein armer Verstand.

Das klingt jetzt so, als würde ich hier den menschlichen Verstand kleinreden wollen. Das ist gar nicht nötig. Er ist ein Teil von uns, eben ein sehr kleiner Teil, nimmt aber oft zu viel Raum ein und führt dadurch die Menschen in die Irre. Doch er nimmt diesen Raum ein, weil wir es gelernt haben, ihm so viel Raum zu geben. Gib ihm statt dem Oberkommando deine Liebe. Er ist nicht dein Feind, er ist der Gegenpol zu deinem Erwachen. Es geht in diesen Betrachtungen darum, die Dinge zurechtzurücken. Auf dass das Licht, das in jedem Menschen ist, zum Strahlen kommt. Auf dass die Liebe, die in jedem Herzen wohnt, ins Fließen kommt. Wenn du dich ganz und gar deinem Verstand anvertraust und ihm die Führung überlässt, verdorrt deine Seele. Dein Herz wird kalt. Kennst du solche Menschen? Sie lieben nicht, sie leben nicht, sind wandelnde Tote. Du siehst es an ihren Augen: Sie leuchten nicht, haben einen Schleier. Sie erlauben dir nicht, in ihre Seele zu blicken. Sie sagen dir: „Ich bin ich und du bist du. Jeder ist allein, lass mich in Ruh´." Schenk ihnen dein Mitgefühl. Auch sie werden erwachen und ihr Feuer entzünden, denn es gibt nur eine Wahrheit. Auch sie tragen die Liebe in sich.

Doch noch einmal: Dass jeder für sich steht, ist NICHT die Wahrheit. Die Wahrheit ist: Du bist wie ich, wir sind eins. Nun weißt du also, wer ich bin. Für deinen Verstand noch: Mein „Künstlername" lautet André Meyr. Mein tatsächlicher Name ist Nama´Him. Ich bin, der ich bin. Ich bin ein Botschafter der Liebe.

Mal angenommen, du traust es dich, deinen Verstand zur Ordnung zu rufen und ihn an seinen Platz zu verweisen, und hörst darauf, was dein Herz dir sagt. Was würde das alles dann für dich bedeuten? Wer bist du dann?

Eben: Du bist das Beste, was Sol'A'Vana trägt. Du bestehst nur aus Licht und Liebe, das ist deine Essenz. Du bist Gott in Tätigkeit auf Erden, göttliches Licht in einem Körper – und du hast geschlafen. Es ist jetzt an der Zeit aufzuwachen, für alle Menschen.

Es kann sein, dass du das jetzt wirklich fühlen kannst. Ein paar Stunden später jedoch kommen dir vielleicht Zweifel. Was tun? Zweifel sind dazu da, um dich zu verunsichern, dir Angst zu machen. Damit versucht der Verstand deine Gefolgschaft einzufordern, damit du nicht auf „die schiefe Bahn" kommst.

Dann atme einmal tief durch und sage liebevoll, aber bestimmt: „Sei still und wisse: Ich bin göttlich!"

Damit gebietet der weitaus größere, wirklich machtvolle Teil von dir dieser Anmaßung zunächst einmal Einhalt. So einfach wäre es, von rational-logischer Steuerung auf intuitive Steuerung umzustellen, wenn daran kein Zweifel bestünde.

Es braucht einen Gegenpol zum Zweifel. Es braucht Vertrauen. Vertrauen in dich selbst, in deine Göttlichkeit und darauf, dass deine Seele den Weg kennt. Und doch wirst du vermutlich, wenn das jetzt alles neu für dich sein sollte, eine Zeit lang immer hin- und hergerissen sein. Es reicht nicht aus, zu sagen: „Ja, dann vertraue ich jetzt mal ein wenig. Mal schauen, was passiert." Und wenn dann mal etwas nicht so läuft, wie du es dir vorgestellt hast, oder wie es nach deiner erlernten Meinung und derer der Welt richtig und gut wäre, dann könntest du sagen: „Ich hab's ja versucht, aber es klappt nicht."

Für solche Fälle ist es gut zu wissen, dass der Zweifel erst dann ausgelöscht ist, wenn dein Vertrauen grenzenlos ist, dass alles so geschieht, wie es für dich wirklich richtig und gut ist. Das ist ein Weg, den kein anderer für dich gehen kann. Es ist dein Weg. Und was ist, wenn du dazu nicht bereit bist, nicht willst? Dann ist das dein gutes Recht, dein freier Wille, deine Entscheidung. Du sollst aber auch wissen, dass du eigentlich nur die Entscheidung hast, das so lange wie möglich zu vermeiden, weil du letztendlich deine Essenz nicht auf Dauer verleugnen kannst. Doch wenn du einmal den ersten, zögerlichen Schritt getan hast – und dazu hast du jetzt die Chance deines Lebens! – und die Freiheit witterst, die dich erwartet, gibt es kein Zurück mehr. Vielleicht liegt aber dein erster Schritt schon hinter dir, dann gratuliere ich dir aus der Tiefe meines Herzens und bin sicher, dass dir diese Lektüre weitere Schritte ermöglicht.

Falls du dich fragst, wie du die Stimme deines Verstandes und die deines Herzens unterscheiden kannst, hier ein paar Hinweise: Deine Intuition, dein Herz, spricht leise und sanft mit dir. Sie drängt sich dir nicht auf. Wenn du gar nicht erklären kannst, warum du etwas so oder so gemacht hast, dann war es intuitiv. Dein Verstand ist dem göttlichen Licht in dir in allen Dingen unterlegen, darum muss er auf den Busch klopfen. Wenn Ängste und Sorgen in deinen Gedanken sind und du versuchst, die Lage zu kontrollieren, ist dein Verstand am Zug. Er spricht fordernd, mit lauter Stimme, macht Alarm, und zwar besonders dann, wenn du in Erwägung ziehst, deinem Herzen, deiner inneren Stimme zu folgen. Es gibt eine energetische Gleichung, die das Verhältnis zwischen Herz und Verstand beschreibt: Je mehr du im Herzen bist, desto mehr tritt der Verstand zurück – und umgekehrt. Je mehr du dem Verstand Raum gibst, desto weniger kommt das Herz zum Zuge.

Unsere Welt des Verstandes verdreht alles in sich. Die Liebe, das Göttliche, das, was als Spiritualität bezeichnet wird, werden als nicht so wichtig erachtet. Sie werden als Glaubensfrage, als eines von vielen Hobbys, die man haben kann, abgetan, denn wir leben ja in Zeiten der Aufklärung. Der Zweifel, die Skepsis und die Kontrolle werden in den Status der Wahrheit erhoben. Der Volksmund sagt gerne mal: „Vertrauen ist gut, Kontrolle ist besser." Ich sage: „Volksmund halt´s Maul."

Der Verstand stellt alles in Frage und auf den Kopf, nur um recht zu behalten, um sagen zu können: „Siehst du, ich habe dir ja gesagt, man kann keinem vertrauen." Dafür gäbe es unendlich viele Beispiele. Deshalb ist man gut beraten, wenn man zunächst einmal das Gegenteil von dem als wahr erachtet, was die Allgemeinheit für wahr hält – dann stimmt zumindest schon mal die Richtung.

Es wird langsam Zeit für unsere Reise. Kommst du mit? Es bietet sich dir dabei die Gelegenheit, gleich einmal das eben Besprochene zu beobachten und anzuwenden – wenn du möchtest. Dazu bitte ich dich, dein Herz weit zu machen, sodass du damit sehen und hören kannst und Stille einkehrt in dir. Rufe an dieser Stelle deinen Goldenen Engel und bitte ihn, dich zu begleiten, und dich fühlen zu lassen, ob das alles möglich sein kann.

Von Anfang an

Beginnen wir an einem Punkt, den wir getrost als Anfang bezeichnen können, bis hin zu einem Moment, der dann noch einmal alles veränderte und seither bis tief in unser Leben hineinreicht.

Gerade begann Leben auf eine völlig neue, nie da gewesene Art zu entstehen. Wir setzen Leben gerne mit Körperlichkeit gleich. Doch jenseits unserer gewohnten Wahrnehmung, jenseits dessen, was unsere Augen sehen und unser Verstand sich erklären kann, gibt es eine unendlich große und bunte Vielfalt an Lebewesen. Es ist für unser zeitliches Vorstellungsvermögen fast unmöglich, sich diese Zeitspanne vorzustellen. Ungefähr zehn Milliarden Jahre vor unserer Jetzt-Zeit, linear betrachtet, war unser Universum gerade am Entstehen.

Die Göttliche Quelle ließ, als sie dieses Universum erschuf, eine Art Blase aus sich selbst heraus entstehen und projizierte in diese Blase ein Abbild seiner Selbst, das die ganze Göttlichkeit beinhaltete. Diese erste Projektion Gottes trug zusätzlich die Färbung eines speziellen Attributes der Quelle, die das Motto dieser Schöpfung immer noch färbt: Mut. Die Quelle erschuf das Erste Zentrale Universum, um sich auf eine neue, noch nie da gewesene Art zu erfahren. Sie wollte etwas erproben, das die Gegebenheiten so verändern würde, dass es die Qualität Mut brauchte, um den Urzustand wieder herzustellen. Was dazu führte, dass bis heute auch auf Sol'A'Vana gilt: Mut wird immer belohnt! Das Universum ist so angelegt, dass wenn du den Mut aufbringst, etwas Neues zu wagen oder zuzulassen, es alles für dich tut, was möglich und erlaubt ist, damit du dein Ziel erreichst.

Zunächst umfasste der göttliche Plan, dass die sich schnell ausdehnende Blase sich auch schnell mit Leben füllen sollte. Die erste Projektion, genannt das Auge Gottes, ist eine strukturgebende Lichtenergie und trägt den göttlichen Willen in Form einer erschaffenden Idee. Diese Lichtenergie ist die männliche Gottesenergie dieses Universums. Sie dehnte ihr Licht strukturell im neuen Universum aus und erfüllte es mit der Idee, dem göttlichen Plan. Damit war das göttliche Gedankenfeld erschaffen. Nun brauchte es noch eine weitere Energie, die außerhalb der Quelle einen Gegenpol, ein Gegenüber darstellen sollte. Die weibliche Gottesenergie, die Substanz, aus der die Quelle selbst und auch jede Schöpfung besteht, ist die göttliche Liebe. Sie ergoss sich in die Struktur hinein und erfüllte sie mit Leben. So kamen Substanz und Struktur zusammen und es spannte sich ein Raum auf, der sich fast augenblicklich enorm ausdehnte. Zusammen erschufen das göttliche Licht und die göttliche Liebe weitere Projektionen ihrer selbst, andere Liebeslichter, und prägten sie mit bestimmten Farb- und Tonschwingungen. Jedem dieser erschaffenen Lichter wurde dann von der Quelle der Odem des Lebens eingehaucht und neues Leben war geboren.

Keines dieser Wesen, genannt Engel, war wie das andere. Aus der Essenz der Liebe und des Lichtes bestehend, vom göttlichen Geist beseelt, war es der Plan, dass jedes Lebewesen einzigartig sein sollte. Diejenigen Engel, die als erstes erschaffen wurden, werden Thronenengel genannt. Sie wiederum erschufen die Elohim. Auch die Elohim erschufen ihrerseits Engelwesen und diese wiederum und so weiter. So entstand die Hierarchie der Engel, zu den Mächten, über die Fürsten, die Tugenden, die Erzengel, bis hin zu den Heil- und Schutzengeln.

Dies ist natürlich eine stark vereinfachte Darstellung. Doch Details sind nicht wichtig, um zu verstehen, sondern eher hinderlich. In dieser Hierarchie gibt es, anders als auf Erden, kein: „… besser als …", oder: „… schlechter als …", jedoch sehr wohl ein: „… höher und mächtiger als …". Dennoch wird jedes Licht auf dieselbe Art unermesslich geliebt, darin gibt es keine Unterschiede. Als Mensch ist das schwer nachfühlbar, denn wir verbinden irgendwie immer „mächtiger", „höher" und „größer" mit „besser" und „mehr wünschens- und liebenswert". All diese Lichter erfüllen die unterschiedlichsten Aufgaben und dienen der einen, großen Quelle. Es gibt dort nicht den Antrieb, besser sein zu wollen, sondern nur den Antrieb des Dienens – fühlbar als Sehnsucht, die auf die Göttliche Quelle gerichtet ist. Das Dienen wird dort als höchster Ausdruck der Liebe erachtet. Ein Mensch assoziiert damit in der Regel eher Erniedrigung. Der Mensch tritt gerne nach unten, während die Engel sagen: „Wir beugen uns zu dir hinab, um dich zu erhöhen."

Was ist die Quelle? Ihr wurden im Laufe der Zeitalter viele Namen gegeben. Der geläufigste ist Gott. Gott ist weder männlich noch weiblich. Gott ist. Das hört sich für unsere Ohren zunächst ungewöhnlich an, weil wir hinter die Wörter „ist", „sind", „bin" immer noch ein Eigenschaftswort oder einen Namen setzen. Das ist ein Teil unserer Tarnung. Lass mich dir ein Geheimnis verraten: Auf diesem Planeten verschleiern Milliarden von Engeln ihre wahre Natur und verstecken sich hinter ihrer Rolle als Mensch vor sich selbst. Je mehr dieser Eigenschaftswörter wir hinter das „Ich bin" setzen, desto tiefer ist die Identifikation mit der Rolle Mensch und desto entfernter die Erkenntnis des „Ich bin". Deswegen werden dir die wenigsten auf die Frage: „Wer bist du?", Antwort geben können. Die Überzeugung, NUR Mensch zu sein, sitzt sehr tief. Das heißt, zu irgendeinem Zeitpunkt müssen wir vergessen haben, wer wir in Wirklichkeit sind. Wie konnte das geschehen?

Um das Folgende erfassen zu können und damit den Sinn des Lebens zu verstehen, ist eines von großer Bedeutung: Nämlich, dass du den Gedanken an Reinkarnation nicht als „Theorie" abtust, sondern ihn ernsthaft in Erwägung ziehst. Denn genau das ist der Knackpunkt, der zwar nicht in dem Sinne bewiesen werden kann, wie unser Verstand es fordert – schwarz auf weiß und am besten zu jeder Zeit im Labor reproduzierbar –, doch ohne dieses Bindeglied zwischen diesseits und jenseits des Schleiers der

Dimensionen macht nichts einen Sinn. Allerdings vertreten nicht wenige Menschen die Auffassung, dass das genau so sei. Mit dieser Behauptung wird das Chaos als unser Ursprung angesehen. Doch warum fragen wir uns dann, ob alles in Ordnung ist? Die Ordnung, eine Vorgabe, ein Plan scheint uns ein tiefes Bedürfnis zu sein. Wenn wir also bemüht sind, die Ordnung herzustellen und einen Plan hinter dem Leben zu ergründen, dann merken wir schnell, dass irgendwie ein Teilchen zu fehlen scheint. Es ist die Grundannahme, dass Reinkarnation, das Sterben und Wiederkehren, eine Gesetzmäßigkeit ist. Die Wissenschaft macht es uns schon vor. Man kann etwas nicht sehen, nicht messen, aber so, wie sich die Dinge verhalten, muss man darauf schließen, dass da etwas ist. Man kann es sozusagen indirekt beweisen, anhand von Indizien.

Die Quantenphysik hat mit dieser Vorgehensweise die starrsinnigen Denkweisen von Generationen von Wissenschaftlern durchbrochen und erhält erstaunliche Einsichten in die größeren Zusammenhänge. All diese Erkenntnisse zusammengefasst könnte man so ausdrücken: Die Dinge sind nicht, was sie scheinen. Kommt dir das bekannt vor? Sie sprechen von Quantenfeldern, von verschiedenen Bewusstseinszuständen der Energien, von Dimensionen, Paralleluniversen und so weiter. Ich möchte gar nicht so sehr wissenschaftlich werden, weil es auch wieder nur ein Teil der einen großen Wahrheit ist. Ein einfaches Beispiel ist die

Schwerkraft. Sie ist deshalb bewiesen, weil sie eine Wirkung zeigt, auch wenn man sie nicht sehen kann. Die Liebe. Die wenigsten Menschen zweifeln an ihr, doch wer kann sie sehen? Doch sie hat Wirkung – und wie. Wer mit dem Herzen blickt, kann sie sehen – überall. Dennoch ist sie wissenschaftlich nicht bewiesen. Es könnten ja auch nur die Hormone sein.

Die Wissenschaft arbeitet bisher noch fast ausschließlich mit dem Verstand. Sie wird am Ende erkennen, dass es unzählig viele Wahrheiten gibt, die alle kleine Teilbereiche der einen, großen Wahrheit beleuchten. So hat auch jeder einzelne Mensch seine Sicht der Dinge, seine eigene Wahrheit. Die wenigsten Menschen lügen vorsätzlich. Die meisten Streitigkeiten, wer Recht hat, wer die Wahrheit sagt und wer nicht, sind unnötig. Hier muss gelten: sowohl als auch. Denn jeder Mensch lebt ein Stück weit in seiner eigenen Realität. Er erschafft sie aufgrund seiner Prägungen jeden Tag aufs Neue. Die gemeinsame, kollektive Realität erschaffen wir durch unsere kollektiven Überzeugungen, durch das, was wir glauben. Könnte das nicht bedeuten, dass alles, was sich der Mensch vorstellen kann, auch zur Realität werden kann?

Die Realität, die du erlebst, richtet sich nach deinen Überzeugungen und Gedanken. Die Gedanken mögen frei sein, doch jeder Gedanke hat eine Wirkung auf dich und auf die Welt. Sie sind unser mächtigstes Werkzeug, um zu erschaffen. Übrigens hat auch das die Quantenphysik längst erkannt.

Dies sei nur nebenbei erwähnt, falls es deinem Verstand gerade guttut, von wissenschaftlicher Seite eine Bestätigung zu erhalten. Was ist denn die unweigerliche Schlussfolgerung daraus? Ja, wir sind Schöpfer – jeder Einzelne! Wir sind keine Opfer! Wir haben die Macht, alles zu verändern!

Beflissentlich wird dann in den Medien wieder darauf hingewiesen, dass man die Erkenntnisse der Quantenphysik nicht auf unser „normales" Leben übertragen könne. Doch einer der zentralen Lehrsätze der kosmischen Ordnung lautet: „Wie innen, so außen", „Wie oben, so unten", „Wie im Kleinen, so im Großen". Es ist zu hundert Prozent übertragbar.

Doch die Menschen wollen oder sollen Opfer bleiben und sich angstvoll an ihr kränkliches, vergängliches Leben klammern, sich abfinden, dass man gegen gewisse Dinge einfach nichts machen kann. Das entbindet von jeder Verantwortung als Schöpfer. Dabei können wir – und das werden wir und tun es bereits – alles verändern, die Illusion unserer Realität aufgeben und uns der Wirklichkeit des Lebens zuwenden. Erst Einzelne, dann die ganze Menschheit. Wie schon vorher erwähnt, dafür braucht es Vertrauen und Mut. Das ist ein Teil deiner Aufgabe. Was trägst du für Überzeugungen? Gehören Krankheit, Altern und Tod zum Leben?

Hierbei handelt es sich um die am tiefsten verankerte Überzeugung der Menschen. Das ist eine kollektive

Illusion, die sich scheinbar tagtäglich wieder selbst bestätigt. Wir sehen es ja, Menschen werden krank, altern, sterben. Doch es gibt nur das unvergängliche Leben.

Da wären wir wieder beim Gedanken der Reinkarnation. Das wird meist so verstanden, dass wir nach dem Tod wieder ein neues Leben beginnen. Das würde aber voraussetzen, dass es den Tod gibt. Genauer gesagt, bedeutet „reinkarnieren" so viel wie "wieder in das Fleisch gehen". Mit anderen Worten, der Geist, die Seele ist unsterblich, wird wieder und wieder geboren. Deine irdische Mutter hat deinen neuen Körper in sich wachsen lassen, sodass er deine alte Seele aufnehmen konnte, sodass du jetzt hier sein kannst, um dein Werk zu vollenden. Das ist das größte Geschenk, das dir Menschen jemals machen können. Sie haben es getan – deine Eltern. Ehre sie dafür, sei dankbar. Damit schaffst du den Nährboden für Lebensglück und inneren Frieden.

Die Reinkarnation ist eine der grundsätzlichen Streitpunkte zwischen den atheistischen Weltanschauungen und Religionen. Und auch die Religionen sind sich nicht einig. Ist nach dem Tod alles vorbei? Das wäre wohl so, wenn es den Tod gäbe, doch dann wäre alles zufällig und sinnlos. Das sind die Argumente des puren Verstandes, da er den göttlichen Plan nicht erfassen kann und somit den Sinn nicht erkennt. Leben wir nur EIN Leben, wie es das Christentum lehrt, und kommen wir dann in den Himmel oder die Hölle?! Oder leben wir unzählig viele Leben, eventuell auch mal als Amöbe oder Nashorn, wenn wir nicht brav waren, wie es zum Beispiel der Buddhismus sagt? Die Antwort ist simpel: Beides kann man so sagen, beides ist nicht der Weisheit letzter Schluss. Da es keinen Tod gibt, endet unser Leben nicht beim Sterben des physischen Körpers, sondern die Seele kehrt nach Hause zurück – dorthin, wo sie erschaffen wurde. Dort bereitet sie sich für eine neue Inkarnation vor, man könnte auch sagen, auf ein neues Leben. Aus menschlicher Sicht ist es ein neues Leben, zumindest in einem neuen Körper. Du bist immer die- beziehungsweise derselbe geblieben – aus dieser Sicht betrachtet, ist es nur EIN Leben, mit vielen Stationen. Nur eines trennt dich von der Erinnerung an all deine Inkarnationen, nämlich dass du freiwillig gewählt hast zu vergessen.

Du lebst das Motto des Universums jeden Tag, seit undenkbar langer Zeit – Mut. Denn es braucht sehr viel Mut, so tief in eine Rolle zu schlüpfen, deine Allmacht und Göttlichkeit zu vergessen, teilweise das Licht nicht zu sehen und die Liebe nicht fühlen zu können. Scheinbar wie abgetrennt, allein gelassen zu sein – bis zu dem Tag, an dem du beginnst dich zu erinnern, dass das gar nicht stimmt, dass du nie alleine warst und es nie sein wirst. Dass die Engel über deine Seele wachen, dass du einen Namen hast, mit dem die Quelle dich unaufhörlich ruft, und dass das Liebeslicht, aus dem wir alle bestehen, die allergrößte Gemeinsamkeit ist, die wir alle haben –

denn wir sind eins. Die Unterschiede zwischen dir und mir mögen ins Auge stechen und überwiegen, auf den ersten Blick. Doch die Augen der Liebe sehen, dass das Gegenteil der Fall ist:

Du hast dir vorgenommen, mit der Kraft deines Herzens, durch dein Vertrauen in deine innere Stimme und ohne große Eingriffe von „außen" genau das wiederzuentdecken – dich selbst zu erkennen, zu erwachen aus deinem Traum. Mit „außen" ist hier die Wirklichkeit gemeint, also von außerhalb deiner Illusion der Trennung, der Dualität. In der Dualität hat alles zwei Seiten, die gegensätzlich erscheinen.

Wenn du deinen Geist aus dem Gefängnis dieser falschen Grundannahme befreist, wirst du erkennen, es ist ein und dasselbe, die gleiche Energie. Das Zusammenbringen der beiden Pole, der scheinbaren Gegensätze, offenbart die Wirklichkeit. Das, was wirkt. So, wie es wirklich ist. In unserer Realität, die wir für Wirklichkeit halten, hingegen, werden diese beiden Pole, die beiden Seiten, mit einem unglaublichen Kraftaufwand auseinandergehalten, unterschieden und unterschiedlich bewertet. Für diese Bewertung ist unser Verstand zuständig. Durch seine Betriebsamkeit und die feste Überzeugung, dass das unbedingt nötig ist, gerät das Fühlen dessen, was wirklich wichtig und richtig ist, aus dem Blickfeld.

Ich glaube, der Zusammenhang wird klar, warum die reine Verstandeswissenschaft den Durst nach noch mehr Scheinwissen anregt? Weil sie nie wirkliche

Antworten liefern kann. Es gibt einen Spruch: „Der Teufel steckt im Detail." Untermauere den Anspruch auf deine Existenz dadurch, dass du ständig neue Fragen stellst, die zu keiner Lösung führen. Das macht jede reine Verstandeswissenschaft und das hat die Welt fast in Teufels Küche gebracht, sprichwörtlich gemeint natürlich.

Während die Wissenschaft sich immer mehr in den Mikrokosmos vorkämpft und alles immer unübersichtlicher wird, schaut die Liebe auf das große Ganze und ist bemüht die Gegensätze zu vereinen, weil sie eh eins sind. Es soll nicht der Eindruck entstehen, dass ich hier auf die Wissenschaftler einprügle. Diese Menschen sind mir genauso am Herzen wie jeder andere auch. Es geht ausschließlich darum, die Illusion, die unser Leben bestimmt, aufzudecken. Manchmal braucht es eben klare Worte dazu.

Ich musste jetzt etwas ausholen, doch lasse uns jetzt unsere Reise fortsetzen. Atme einige Male ruhig und rufe dir noch einmal den Goldenen Engel, der jetzt an deiner Seite ist, ins Bewusstsein. Woher kommt diese schmerzhafte Illusion, abgetrennt zu sein, und folglich der Drang, alles trennen zu müssen?

Die schon erwähnten Thronenengel – jene der ersten Stunde –, sie bewachen und tragen den Thron Gottes. Sie bilden und erhalten das lebende Lichtfeld unseres Universums, genannt die Merkaba Gottes. Durch diese Struktur kann die Quelle den

Atem Gottes, der den Rhythmus des Universums bestimmt, fließen lassen. Auch der Atem Gottes wird SOL´A´VANA genannt. Würde diese Struktur zusammenbrechen oder Gott aufhören auszuatmen, würde augenblicklich jedes individuelle Leben im Universum enden. Die Quelle würde alles wieder in sich einatmen, jede Struktur ginge verloren. Die Essenz bliebe erhalten, als reine Liebe würde sie wieder in der Quelle aufgehen und alles wäre fast so, als wäre es nie gewesen.

Für die Quelle spielt das keine Rolle, denn letztendlich ist alles eins. Individualität ist nur eine Spielvariante, eine Möglichkeit der Erfahrung. Doch für uns, die Engel, für die auf Sol'A'Vana und für die im „Himmel", hat es sehr wohl eine Bedeutung – weil es einfach nur schön ist, weil jedes Wesen einzigartig ist und die freie Wahl besitzt. Die Individualität ist ein Geschenk Gottes an dieses Universum.

Erinnere dich: Männliche und weibliche Energieformen wurden nur erschaffen, um durch die Vereinigung der beiden Gegenpole eine neue Form des sich entwickelnden Lebens zu gewährleisten – in diesem Universum, in diesem Erfahrungsraum. Es gibt viele Universen, die anders aufgebaut sind, und in denen gänzlich andere Bedingungen und Gesetzmäßigkeiten herrschen. Die oberste Gesetzmäßigkeit ist allerdings immer die Liebe. Sie ist die Ursubstanz, aus der alles besteht, die alles miteinander verbindet. Jedes Lebewesen im Universum strebt zur Göttlichen Quelle hin und tut alles, um ihr näher zu sein. Das geschieht durch das Dienen in der bedingungslosen Liebe. Diesen unaufhörlichen Antrieb fühlen wir als Sehnsucht. Sie wird im menschlichen Gefühlsleben auch oft als Traurigkeit empfunden und als unangenehm bewertet. Doch sie ist wunderbar. Sie soll dich immer daran erinnern, dass du ein Zuhause hast, und dass du gerufen wirst. Sie ist letztlich der Motor für jede Art der Weiterentwicklung. Jeder Mensch trägt sie in sich, diese unbewusste Erinnerung. Sie lässt uns nicht ruhen, treibt uns ständig an. Auch wenn die Wahl der Mittel unbeholfen wirkt und nicht wenige Menschen den Kampf wählen - sie suchen nur ein Ventil, für das, was sie fühlen, für das, was da in ihnen ist und immer mächtiger wird.

Da sie nicht wissen, dass es ihr inneres Licht ist, macht es ihnen auch Angst und sie fühlen sich zerrissen. Manche werden auch aggressiv, weil sie nicht wissen, wie sie damit umgehen sollen, weil sie nicht wissen, was hinter den Kulissen der Weltbühne wirklich vor sich geht. Das Bühnenbild und die Akteure zeigen nämlich ein anderes Bild: Es scheint um viele Menschen und Länder zu gehen, die sich wirtschaftlich und gewaltsam bekriegen, im Kampf ums Überleben. Doch du weißt nun, es geht nur um eins: Wir haben alle dasselbe Ziel: die Quelle.

Jeder Mensch versucht seiner Sehnsucht zu folgen, jeder so, wie er kann. Vielleicht erwächst dir aus all dem, eine neue Art des Verständnisses und des Mitgefühls anderen gegenüber und – was ganz wichtig wäre – dir selbst gegenüber. JEDER Mensch trägt dasselbe göttliche Licht in seinem Kern. Kein Mensch ist böse.

Jeder ist aus der Substanz der Liebe geformt. Es ist immer die Angst, die Menschen dazu treibt, schlimme Dinge zu tun – für die sie aber dennoch verantwortlich sind. Jeder bekommt die Möglichkeit, das wieder gutzumachen, auszugleichen, damit er in seiner Seele Frieden finden kann – jedoch nicht durch Strafe. Der Preis dafür wird sein, dass er aufgefordert wird, sich der Liebe hinzugeben, und ihr den höchsten Stellenwert in seinem Leben zu geben. Das wird als Gnade bezeichnet.

Die Menschheit will vorwärtsgehen. Besonders in der jüngeren Zeit wird das sehr deutlich: Es brodelt und kocht auf unserem Planeten. Die Menschen wollen das Alte nicht mehr, sie wollen Veränderung. Die alten Strukturen zerbrechen, die Menschheit zerreißt es fast innerlich, weil sie die Sehnsucht so stark spüren kann wie noch nie. Die Schleier zwischen den Welten sind mittlerweile so dünn. Die einstrahlende Wirklichkeitsenergie ist der Auslöser für die derzeit fragile Situation auf unserem Planeten – nicht die dunkle Macht oder das Böse oder so, auch wenn es noch so scheint. Es ist genau anders herum. Es sind die Schmerzen der Neugeburt, des Erwachens. Veränderungen tun zu Beginn manchmal weh. Die dunkle Seite stemmt sich sogar gegen diese Entwicklung, indem sie versucht, dir deine Spiritualität vorzuenthalten, denn sie weiß, das ist der Anfang vom Ende ihres Machtanspruches.

So wie Sehnsucht keine Traurigkeit ist, ist Erwachen nichts Negatives. Auch wenn es vorübergehend schmerzhaft sein kann, ist es ein Prozess, der in die Freiheit und in die Liebe mündet. Hab Mut, ab heute bewusst den ersten Schritt zu gehen, der Weg bleibt niemandem erspart. Er ist, wenn er bewusst gegangen wird, der schönste Weg überhaupt.

Die Energie folgt deinem Fokus. Jede Energie, ob nun dunkel oder licht, tut das. Wenn du nur wie gebannt auf die Bühne der Welt blickst, wirst du den Eindruck haben, alles wendet sich zum Schlechteren. Du wirst den Schmerz, den Krieg, den Kampf, die Angst und die Ungerechtigkeit sehen. Wenn du lernst hinter die Bühne zu blicken, wirst du das Licht und die Liebe bei ihrem Tagwerk beobachten können.

Wenn du auf irgendetwas deine ganze Aufmerksamkeit lenkst, wird es in deinem Leben immer mehr Raum einnehmen, und du wirst es für die Wirklichkeit halten – doch es ist nur deine Realität. Was möchtest du verwirklichen? Angst oder Liebe? Schmerz oder Mitgefühl? Trennung oder Einheit? Es ist deine freie Wahl. Jeden Tag aufs Neue.

Doch wie soll ich dir von den Liedern der Engel erzählen, von Verjüngung und ewigem Leben, vollkommener Gesundheit, Glück, Frieden und Fülle – von all den Dingen, die auf dich warten –, wenn dir die ganze Welt das Gegenteil weismachen möchte?

Ich hoffe, die Ausführungen haben nicht zu sehr deinen Verstand auf den Plan gerufen. Wenn das alles neu für dich war, dann ist es vielleicht der Wendepunkt in deinem Leben, auf den du insgeheim immer gewartet hast. Das braucht auch Zeit, um etwas zu sacken. Das will verarbeitet sein. Wenn du bis hierhin in einem Stück gelesen hast und dir eventuell etwas unwohl ist, dann ist das ein gutes Zeichen. Dennoch könnte es ratsam sein, dir eine Pause zu gönnen. Wenn dich deine eigene Spiritualität einholt, werden unglaubliche Energien freigesetzt und vieles gerät in der Seele in Bewegung. Gebe dem Raum und Zeit, denn es geht im nächsten Abschnitt nicht minder quintastisch weiter.

Rufe für das folgende Kapitel auch wieder deinen Goldenen Engel hinzu. Er führt dich zu jeder Zeit auf deinem Weg. Er freut sich, wenn du ihm Beachtung schenkst und kann so noch tiefgreifender für dich wirken.

Fall und Auferstehung

Was war nun eigentlich geschehen? Es war doch alles in bester, kosmischer Ordnung, alle Lichtwesen, alle Engel waren emsig beschäftigt und kosteten ihr Sein und ihre Freiheit in vollen Zügen, denn das Erste Zentrale Universum war nicht nur das jüngste, es war auch das bunteste und interessanteste. Alles, was sie taten, taten sie aus der Liebe zur Quelle heraus. Vieles wurde ersonnen und ausprobiert, wieder verworfen, neu strukturiert, Neues erschaffen. Es war ein reges Treiben – so steht es geschrieben in den Hallen des kosmischen Wissens.

Der Hohe Rat kam zusammen und beschloss, dass es an der Zeit wäre, das größte aller Experimente zu starten, etwas das noch niemals zuvor versucht wurde. Was würde geschehen, wenn sich einer der Thronenengel von der göttlichen Merkaba und damit vom Liebesband abtrennen würde? Um es noch interessanter zu machen, fiel die Wahl auf den höchsten Liebesengel, der zur Rechten Gottes saß, wie man so schön sagt. Dieser Engel trägt den Namen Yoah'Toh. Wirklich bekannt auf unserem Planeten wurde er unter seinem Pseudonym Luzifer.

Yoah'Toh sagte zu und stellte sich zur Verfügung. Die erste Projektion des Lichts, das Auge Gottes, Melek Metatron, gab die Erlaubnis. Die Chöre der Engel hoben zum Gesang an und die Elohim trennten Yoah'Toh vom Liebesband, das jedes Wesen mit der göttlichen Quelle verbindet. Die Auswirkungen waren enorm und waren in dieser Heftigkeit nicht erwartet worden. Das Universum bebte und mit einem lauten Knall begann die Energie von Yoah'Toh sich abzuspalten und wurde zusehends dichter, dunkler, grauer. Die Farben seines Feldes erloschen und er stürzte aus den höchsten Ebenen des Lichts immer tiefer in der energetischen Schwingung. Gleichzeitig griff die abgetrennte Energie machtvoll um sich, riss wie ein Ertrinkender alles mit sich, was in seinem Einflussbereich stand. Einige wenige Engel, die Yoah'Toh sehr nahestanden, konnten sich diesem machtvollen Sog nicht entziehen und sind mit ihm gefallen.

Unaufhaltsam stürzte er in Richtung der nicht so hoch schwingenden Bereiche, in die Peripherie des Universums, denn ohne die Liebesenergie konnte er sich nicht in diesen hohen Ebenen halten. Grundsätzlich gab es an diesem Punkt der Entwicklung noch keinen Bereich im Universum, der ähnlich tief schwang, wie Yoah'Toh das zunehmend tat. Er war diesbezüglich das Maß aller Dinge, denn alles war von göttlichem Licht und von der Liebesenergie durchzogen. Alles war in Einheit – bis dahin. Somit war es ein Sturz ins Bodenlose.

Er bewegte sich auf ein sehr großes, kristallines Energiefeld zu. Es war ein Außenposten der Galaxie, der die Aufgabe hatte, Information und Wissen aufzunehmen, zu speichern und weiterzugeben. Dieses Energiefeld trug den Namen Lemuria. Wie ein Kometenhagel schlug die Energie von Yoah'Toh in diesem Energiefeld ein. Lemuria war ein Feld des höchsten Lichtes, angebunden an die

Magnetfeldlinien des Göttlichen Gedankenfeldes. Viele Tausende von goldenen Lichtwesen taten dort ihr Werk als Hüter des Wissens. Es ging alles sehr schnell: Die goldenen Lichtwesen wurden von dem Fall überrascht, die graue Energie legte sich über sie und riss große Teile von Lemuria in die Tiefe. So, wie Luzifers Energie kondensiert war, bis in die tiefst mögliche Schwingung, wurde auch Lemuria davon infiziert und aus den Magnetfeldbahnen des göttlichen Feldes herausgerissen. Auch Lemurias Energien kondensierten, wurden nach und nach fester und dichter. Es entstanden, über einen aus menschlicher Sicht sehr langen Zeitraum, viele Planeten. Auf der Erde, wie Luzifer „seinen" Planeten von da an nannte, war die Luziferenergie am stärksten. Die 387 weiteren Planeten, die aus dem Feld Lemuria entstanden sind, waren unterschiedlich stark betroffen. Dennoch waren auch sie von den Magnetfeldlinien abgetrennt und ihre Magnetgitternetze verschoben oder kollabiert.

Die lemurianischen Lichtwesen konnten die Luziferenergie nicht transformieren, atmeten sie ein und verloren das Einheitsbewusstsein. Statt des Atems von Gott atmeten sie jetzt den Atem Luzifers. Doch mit einem Unterschied zu Luzifer selbst: Sie waren immer noch angebunden an das Liebesband, denn dieses kann nur mit Zustimmung der Quelle getrennt werden. Es war das erste und das letzte Mal, dass das gestattet wurde. Einige der mitgefallenen Engel waren so mit Luzifers Energie verschmolzen, dass sie ihn von da an als Gott anerkannten – ihr Liebesband blieb dennoch intakt. Dieses Liebesband garantiert, dass die Rückkehr ins göttliche Feld aus eigenem Antrieb möglich ist. Ab dieser Stelle der Erzählung nenne ich Luzifer wieder bei seinem eigentlichen Namen - Yoah'Toh.

Das Experiment hatte weitreichende Folgen. Die Merkaba Gottes veränderte durch das Fehlen von Yoah'Toh ihre Bewegungen, dadurch verlangsamte sich der Rhythmus, in dem SOL´A´VANA, der Atem Gottes, in das Universum getragen wurde. Das führte zu Veränderungen, die das gesamte Universum betrafen. Das Fehlen von Yoah'Toh musste so schnell wie möglich kompensiert werden, sonst wäre die Struktur des Universums zerbrochen.

An dieser Stelle möchte ich gerne einfügen, dass all das für die Quelle selbst zu keiner Zeit eine Bedrohung dargestellt hat. Gott ist alles, was ist, und kann niemals zerstört werden. Doch der erschaffene Lebensraum für mittlerweile unzählbar viele, junge Seelen, das Erste Zentrale Universum war bedroht. Da die Quelle die Einheit selbst ist, hat es für sie keine sentimentale Bedeutung, wenn sie beschließt, einen Fehlversuch samt einem ganzen Universum einfach wieder einzuatmen. Auch dabei geht kein Leben verloren. Was dabei vergeht, ist die Individualität der einzelnen Wesen – sie gehen ein in die Einheit. Letztendlich ist es sowieso das, was jedes Wesen, das existiert, anstrebt und wird sowieso geschehen – irgendwann. Darüber brauchen wir uns aber heute keine Gedanken zu machen, denn den Begriff Unendlichkeit können wir nicht definieren.

Wichtig ist, was jetzt ist, und das, was bisher geschah. Es gibt Menschen, die sagen: „Was war, interessiert mich nicht. Ich will wissen, was kommt." Man muss aufgrund der ganzen Geschichte verstehen, dass nur das kommen kann und wird, was wir erschaffen. Bei der Entscheidung, was wir aus unserer Göttlichkeit heraus erschaffen wollen, spielt alles eine Rolle, von Anfang an. Deshalb kommt vor dem Erschaffen das Erinnern, das Erwachen. Wie soll man wissen, wo man hingehen soll, wenn man nicht weiß, wo man herkommt? Das, liebe Schwester, lieber Bruder des Lichts, ist der einzige Grund, warum ich dir diese Geschichte zumute. Du bist ein Teil dieser Geschichte. Es ist der Weg, den du zurückgelegt hast.

Nun, es wurde eine vorübergehende Lösung gefunden: Einige andere hohe Engelwesen ersetzten den fehlenden Thronenengel. Doch es war nur ein notdürftiger Ersatz. Nach wie vor fehlt Yoah'Toh, ist nicht an seinem Platz. Das Erste Zentrale Universum begann nach dem Sturz zu beten. Sie wandten sich an Melek Metatron, der direkten Zugang zur Quelle hat, und Metatron bat die Quelle, dem Universum Zeit zu geben, um die göttliche Ordnung aus eigener Kraft wiederherzustellen. Diese Zeitspanne, die nun seit etwa 4,3 Milliarden Jahren andauert, endete in unserer Zeit gerechnet zwischen 2012 und 2016. Da war der Zyklus abgeschlossen, den die Göttliche

Quelle dem Universum gab, um Yoah'Toh wieder an das Liebesband anzubinden. Dies ist mittlerweile durch das Zusammenwirken bewusster Avatare auf Sol'A'Vana und der geistigen Welt geschehen.

Seit Anbeginn der Zeit auf unserem Planeten wirkten alle hohen Lichter des Universums zusammen, um dieses Werk zu vollbringen. Auch du bist eines dieser hohen Lichter. Du bist seit Anbeginn der Zeit auf diesem Planeten – nur deswegen. Du bist aus freien Stücken hierhergekommen – zunächst als reines Lichtwesen. Du hast unzählige Schulungen durchlaufen, hast in der ersten irdischen Zeitepoche, die sich Lemurien (nicht mehr Lemuria) nennt, in einer einzigartigen Rettungsaktion Luziferenergie für die goldenen Lichtwesen transformiert – bis sie wieder zu leuchten begannen – und hast sie in die Kristallstätten getragen. Du hast die Kristallstätten, die dank dir bis heute die Felder der Wirklichkeit in sich tragen, geschützt und versiegelt – voller Hingabe, mit all deiner Liebe. All das jenseits unserer neuzeitlichen Vorstellungskraft über fast vier Milliarden Jahre hinweg.

Du hast in Kauf genommen, dass sich in der Dichte der Energie, genannt Dualität, in einem langen Prozess – den die Menschheit heute als Evolution bezeichnet – ein physischer Körper um dich gebildet hat. Du trägst bis heute mit Würde diese Bürde der Erdenschwere, obwohl dein wahres Wesen reines Licht ist. Wie viel Liebe musst du wohl in dir tragen, um das auf dich zu nehmen? Und wie viel Mut brauchte es, dich vor jeder Inkarnation neu dafür zu entscheiden? Merkst du was? Ahnst du, wer und was du bist?

In der darauf folgenden Epoche Atlantis hast du über ein paar hundert Millionen Jahre für das Licht gekämpft. Wenn dein Körper verbraucht war, hast du ihn erneuert oder hast sofort wieder inkarniert, um weiterzukämpfen, um ein Gegengewicht zur Luziferenergie herzustellen. Auch wenn du zu dieser Zeit zum Beispiel ein(e) Priester(in) warst, den Erdheilern zugehörig oder den Tempeltänzer(innen), wurdest du doch als Krieger(in) des Lichts bezeichnet. Du hast alles dafür getan, damit der Planet ein bestimmtes Energielevel halten und somit bestehen bleiben konnte. Es gab ausschließlich ein schier endloses Wirken im Sinne des Lichts – ohne Wenn und Aber, ohne Zögern und Zaudern, voller Kraft und kompromisslos. In der atlantischen Zeitqualität hattest du keine andere Wahl, um die Luziferenergie zurückzudrängen und das Erbe Gottes, die Kristallstätten, zu beschützen – denn Worte der Liebe und Mitgefühl hätten, anders als heute, damals nichts gebracht.

Atlantis war mehr als eine Stadt. Zu dieser Zeit war der ganze Planet Atlantis. Atlantis war eine Zeitqualität, die sich irgendwann dem Ende zuneigte, weil der Kampf gegen die Dunkelheit nicht zum letztendlich gewünschten Erfolg führte. Als sich das immer deutlicher zeigte und die Luziferenergie einigermaßen eingedämmt war, wurde diese Epoche beendet und eine neue eingeleitet. Atlantis ist nicht einfach so untergegangen, sondern die Rückführungsaktion des Planeten ging in die nächste Phase über. Die Dimensionstore von Atlantis begannen sich zu verschließen. Die Zeiten des reinen Kampfes – Auge um Auge – waren vorbei. Die Atlanter traten über die Pyramiden in die nächste Zeitdimension über. Sie trugen das alte Wissen und das Erbe Gottes – wie die Bundeslade und das Schwert Excalibur sowie viele andere Energien der Gottesmacht – in die Neue Zeit hinüber. Die Arche Noah waren die Dimensionstore – die Pyramiden. Erst als sich die Dimensionstore ganz geschlossen hatten, zeigten sie sich für die Nachwelt als Pyramiden. Dann kam die Flut – ausgelöst durch einen Kometen – und der Planet wurde einer großen Reinigung durch das Element Wasser unterzogen. All das geschah nicht von heute auf morgen, sondern über eine lange Zeitperiode hinweg. Das heutige Denken in kurzen Zeitabschnitten hilft nicht dabei, das zu erfassen.

DU hast als Atlanter(in) mitgewirkt, Tausende von Pyramiden auf dem Planeten zu erbauen – für den Dimensionswechsel und als Vermächtnis und Beweis für die Anwesenheit Gottes. Du siehst, selbst solch eindeutige Beweise erkennt der heutige Menschenverstand nicht an. Das hätten wir damals nicht für möglich gehalten, dass eine Zeit kommen wird, in der der Oberflächenverstand die Welt regiert. Es wird einfach geleugnet und eine Geschichte erzählt, die der Welt glauben machen soll, der Bau der Pyramiden wäre vor 2500 Jahren geschehen. Wie das funktioniert haben soll, kann man nicht wirklich erklären. Steine sollen sie geklopft haben, die Ägypter, und dann raufgewuchtet. Solchen Widersinn glauben die Menschen einfach, weil der Verstand es ihnen diktiert. Weil nicht sein darf, was nicht sein kann. Könnten wir uns sonst noch als die am höchsten entwickelte Zivilisation, die es je auf dem Planeten gab, bezeichnen?

DU warst dabei, als vor über 17 000 Jahren diese Monumente mit der göttlichen Macht von den Atlantern erbaut wurden. Es sind Dimensionstore, erbaut auf den Kristallstätten der Wirklichkeit und deshalb unzerstörbar. Die Kristallstätten machen heute noch zwei Drittel des Planeten aus. Ich verweise dabei vor allem auf die Bereiche der Tiefsee, die für Menschen kaum erreichbar sind, sowie auf Lichtstädte innerhalb der Erde, verbunden durch die so genannten Leylines.

Die Liebe wie wir sie heute als Menschen kennen und fühlen, gab es zu atlantischer Zeit noch nicht. Unsere Gefühlskörper waren noch nicht so entwickelt wie heute, obwohl wir hochspirituelle Wesen waren und uns unserer Göttlichkeit zu jeder Zeit gewahr. Wir kannten die persönliche Liebe kaum. Wenn wir etwas tief fühlten, war es Mut, Tapferkeit, Hingabe Loyalität und Ehre. Deshalb ist es immer schwierig, das, was zu damaligen Zeiten völlig normal war, mit den heutigen Augen zu betrachten und Vergleiche anzustellen. Denn das endet letztlich eher in einer

Be- und Verurteilung der Geschehnisse, die so nicht übertragbar ist. Damals war es nun einmal so. In Atlantis hattest du gar keine Zeit, um viel zu fühlen, es war eine Zeit des Tuns und Handelns. Du warst da, um zu kämpfen, alles zu geben, für das Licht.

Der Hohe Rat im Universum beschloss, dass es Zeit für eine Veränderung war. Die Quelle anerkannte das bisher Geleistete mit einem Geschenk. Sie tat etwas, das bisher einzigartig ist, denn alles andere entstandene Leben ist eine Projektion des Lichtes, gesegnet mit dem Odem des Lebens. Die Quelle sandte aus sich selbst heraus einen Teil von sich – das Leben selbst, einen Segnungstropfen der Liebe. In einer Übergangsepoche, genannt Nyroos, bereiteten wir uns vor auf das Kommende, auf das Unvorstellbare.

Dann begann die Zeitepoche Lentos. Die meisten, die vorher Krieger und Priesterinnen des Lichts waren, inkarnierten in der Neuen Energie, hatten ihre Schwerter nieder gelegt und griffen zum Wort. Sie verkündeten das Kommen des Heilands, des Erlösers. Gottes Sohn sollte kommen und das Werk mit den Taten der reinen Liebe vollenden. Es war schwierig für die Verkünder, allen voran Moses, den Menschen das zu vermitteln.

Zu allen Zeiten gab es Mittler zwischen den Welten. Moses empfing nicht nur die zehn Gebote von Melek Metatron, die für die damaligen Verhältnisse zugeschnitten waren. Damals brauchte es für die

Menschen klare Gebote, da die Argumente der Liebe und der Freiheit erst zu einem späteren Zeitpunkt Gültigkeit erfahren sollten. Moses erhielt zudem viele Botschaften aus den Bereichen der Geistigen Welt, die seine Weggefährten niederschrieben, verbreiteten und darauf aufbauten, den Samen der persönlichen Liebe von Mensch zu Mensch zum Erblühen zu bringen. Es dauerte immerhin „nur" einige tausend Jahre, bis sich diese Botschaft der Liebe und der Ankunft des Messias auf dem ganzen Planeten verbreitet hatte. In dieser langen Zeit hast du in verschiedenen Erddimensionen inkarniert – in Lentos und parallel dazu auch in Avalon.

Bei deinen vielen, vielen Inkarnationen in der Zeitqualität Avalon hast du nach und nach deine Erinnerung abgegeben. Die menschliche Liebe, die Freiheit und die Vergebung standen im Mittelpunkt dieser Inkarnationen. Du bist von da an bis hin zum heutigen Zeitpunkt ganz in das Menschsein eingetaucht, hast die zwischenmenschliche, erotische Liebe kennengelernt, den Schmerz und alle dazugehörigen Emotionen. Dein Gefühlskörper konnte reifen. Auch waren deine Lebenszeiten wesentlich kürzer. Du konntest dich nicht mehr erneuern, keine Hunderte von Jahren im selben Körper verweilen, hast Krankheit, Leben und Sterben erfahren. Weil du dich immer weniger daran erinnertest, wer du warst und warum du hier bist, wurde dir dieses spirituelle Wissen von der Hohepriesterschaft gelehrt. Ab da warst du darauf angewiesen zu glauben und zu vertrauen. Du solltest lernen, zu fühlen, was die Wahrheit ist, und deine Intuition zu gebrauchen, um dem Weg deines Herzens zu folgen. Das war eine sehr intensive Schulung, in deren Mittelpunkt die Gralsritter um König Arthus standen. Auf diese Art hast du dich auf das Kommen des Heilands vorbereitet. Denn auch da musstest du deiner Wahrnehmung, deinem Gefühl vertrauen, ob er derjenige ist, auf den du so lange gewartet hattest. Denn auch damals konnten von der Geistigen Welt, den Lichtwesen im Universum, keine zeitlichen Angaben gemacht werden. In den Durchsagen hieß es irgendwann einmal: „Sehr bald! wird der Erlöser kommen", und dann dauerte es noch 1730 Jahre!

Dazu muss man wissen, dass es die Zeit, wie wir sie hier in der Dualität erleben, in den höheren Bereichen des Lichts nicht existiert. Außerdem wurde die Zeit in den verschiedenen Zeitepochen völlig unterschiedlich wahrgenommen. Je höher die planetare Schwingung war, desto schneller verging die Zeit. Darum werden die zeitlichen Längen der Epochen, bis hin zur Jetzt-Zeit, auch immer kürzer. Die Zeit beschleunigt sich mit dem Ansteigen der planetaren Energie. Im Moment erleben wir eine enorme Zeitbeschleunigung, die dorthin führen wird, dass die Zeit, wie wir sie gewohnt sind, keine Rolle mehr spielen wird. Die Vorstellung einer linearen Zeitlinie ist Teil der Illusion. Da in den Bereichen der Wirklichkeit alles im Jetzt-Augenblick geschieht, wusste niemand auf unserem Planeten, wann es letztendlich geschehen wird.

Zudem dachten die meisten Menschen, Gottes Sohn würde von einer Himmelsleiter im königlichen Gewande herabsteigen und die göttliche Ordnung mit einem Handstreich wiederherstellen. Vor allem aber – so erwarteten es sehr viele – sollte er als Retter der Juden erscheinen und die Römer vertreiben.

Nein, er kam als kleines Menschenkind, in ärmliche Verhältnisse hineingeboren, und er kam als Retter für alle Menschen, nicht nur für ein bestimmtes Volk. Auch er hatte seine Erinnerung zurückgelassen, um mit denselben Voraussetzungen wie du, wie wir, sich aus freiem Willen auf den Weg des Erwachens zu machen. Er hatte Lehrer, hohe Avatare auf Erden, die um die Vorsehung wussten und vollständigen Zugriff auf ihre göttlichen Fähigkeiten hatten.

Eine davon war Mutter Maria, die nicht die leibliche Mutter von Jesus-Joshua war, sondern eine sehr hohe Priesterin, die ihn aufzog und unterrichtete. Auch Johannes der Täufer war einer dieser Avatare, die ihn sofort erkannten, die ihn begleitet und geführt haben. Johannes führte ihn nach Ägypten zu den Pyramiden und unterzog ihn dort den Riten des Erwachens. Mit ungefähr 23 Jahren ist Jesus in der großen Pyramide von Gizeh erwacht, er erkannte sich selbst. Er trat vor die Menge, die ihn seit Jahren begleitet hatte, die einfach fühlten, wer er war, und die den Worten der Weisen vertrauten. Er sagte:

„Ich stehe vor euch als der Sohn Gottes. Ich bin in meinem Licht erwacht. Gemeinsam werden wir das Werk vollenden."

Auf dem Weg zurück nach Jerusalem schlossen sich ihm immer mehr Menschen an. Er hat viele Heilungen und Wunder bewirkt. Doch seine Aufgaben waren die Worte und Taten der Liebe zu verbreiten, das Christusselbst in allen Menschen und auf planetarer Ebene zu verankern, sodass Vergebung und letztlich Erlösung geschehen kann – Erlösung von der Illusion des Getrenntseins und all ihren Konsequenzen. Ausgelöst von dem Fall Yoah'Tohs, war und ist dieser unwirkliche, unwahre Gedanke auf dem Planeten sehr verbreitet. Nur Yoah'Toh selbst war tatsächlich getrennt von der Liebe des All-Einen. Er hatte damit alles verloren, was das wahre Leben ausmacht. Seine Gottesmacht durfte er behalten, auch der freie Wille wurde ihm gelassen. Damit wirkte er mit all seiner Macht und versuchte die Heimholung der Planeten des ehemaligen Lemuria zu verhindern. Er beansprucht diese Bereiche für sich, immer noch, doch die Machtstrukturen bröckeln.

Es ist an dieser Stelle der Ausführungen wichtig zu erwähnen – und auch für dich mit deinem Herzen zu verstehen –, dass es aus dieser höheren Sicht der Dinge kein Gut und Böse gibt. Es gibt keine Sünde und keine Schuld. Es gibt Licht und Liebe und die Abwesenheit dessen. Natürlich hat Yoah'Tohs Abtrennung für große Aufregung gesorgt und viel

Leid und Schaden angerichtet – zumindest aus menschlicher Sicht. Diese Sicht ist verständlich, weil diese Illusion, in der Yoah'Toh – und mit ihm fast alle Menschen – gefangen scheinen, so echt wirkt. Die Dualität ist Illusion. Die Zeit ist Illusion. Die Welt, wie sie jeder für sich und wir sie als Kollektiv wahrnehmen, ist Illusion. Die meisten Gedanken der Menschen sind reine Illusion. Der physische Körper ist Illusion. Jeder Schmerz, ob seelisch oder körperlich, ist Illusion. Und doch tut es weh. Solange die Dualität existiert, bis Yoah´Toh wieder ganz heimgekehrt ist, müssen wir mit diesen Gegebenheiten umgehen. Diese Zeit wird als die Übergangsphase, die 3. Zeit bezeichnet. Jeder Schmerz, den wir fühlen, transformiert Yoah'Toh Energie. Es gibt eine Ausnahme und das ist die Angst. Sie nährt die Schattenbereiche in uns. Warum wohl wird versucht, die Menschheit ständig in neue Szenarien der Angst zu führen?

Jede Seele, jeder Mensch, trägt diese Energie zu einem Anteil noch in sich . Sie ist der Teil in uns, der uns sagt: „Es ist alles sinnlos", „Du bist nur ein kleines Menschlein", „Gott, wenn es ihn denn gibt, bist du gleichgültig", „Gott wird dich strafen, du kommst in die Hölle", „Die Liebe ist nur eine Einbildung", „Nimm dich in acht, das Leben ist gefährlich, das Böse lauert überall, traue niemandem", „Das, was du spürst, ist Traurigkeit, keine Sehnsucht", „Irgendwas stimmt mit dir nicht", „Du bist nicht gut genug", „Du bist krank", „Du bist schwach und nichts wert",

„Du wirst den sicheren Tod erleiden", und so weiter. Es ist die Stimme in dir, die dein Licht kleinhalten möchte, dir Angst macht und dich verunsichert. Sie macht es dir so schwer wie nur möglich, dich einfach selbst so zu lieben, wie Gott dich liebt – so, wie du bist. Sie ist der Anteil in dir, der um jeden Preis verhindern will, dass du deine Göttlichkeit fühlen kannst, und dass du in Wahrheit frei bist. Dieser Teil setzt dein dir gegebenes Werkzeug, deinen Verstand, gegen dich ein, möchte dir die Illusion als Wahrheit verkaufen sowie die Feindschaft, das Gegeneinander und die emotionale Kälte als die Natur der Dinge darstellen.

Nun könntest du sagen: „Jetzt weiß ich, dass der Feind in meinem Inneren ist." Doch genau das ist mir sehr, sehr wichtig, dich zu bitten: Nach allem, was du nun vielleicht zum ersten Mal gehört hast, baue KEIN Feindbild gegen Yoah῾Toh, gegen dein Inneres oder sonst wen auf. Die Lösung liegt in der Liebe! Die Antwort auf alles ist die Liebe! Alles ist miteinander verbunden - nichts ist getrennt voneinander. Vergebe Yoah῾Toh. Vergebe dir, dass du diese Anteile in dir trägst, dass du dich im Sperrlicht der Illusion dazu hast hinreißen lassen, Dinge zu tun, die du als nicht richtig erkennst, jetzt bereust und du nun ein schlechtes Gewissen mit dir rumträgst. Dadurch lädst du dir jedoch Schuldgefühle auf, besser gesagt, du lässt sie dir von den Schattenanteilen aufladen, die dich wieder unwert und klein vor dir selbst machen. In diesem Sinne gibt es keine Schuld. Die hohen Lichtwesen, bis hin zur Göttlichen Quelle, sie kennen den Begriff der Schuld und Sünde gar nicht. Das ist eine Erfindung des getrennten Bewusstseins. Deswegen sandte uns Gott seinen Sohn, um die Vergebung zu lehren und die Erlösung zu bringen, um damit die Menschen auf der geistigen und der emotionalen Ebene zu heilen.

Yoah'Tohs Dilemma ist, dass er die volle Erinnerung über die Hergänge besitzt. Er weiß, dass er gerufen ist, an seinen Platz zurückzukehren. Er weiß, dass die Illusion der Dualität bald enden wird, dass er das „Spiel" nicht gewinnen kann. Er will nicht zurückkehren, denn er kennt diese Sehnsucht nicht, weil er die Liebe nicht mehr fühlen kann. Er ist einsam, kann noch nicht wieder Freude und Mitgefühl empfinden. Er war so lange vom Liebesband getrennt, er konnte nicht anders. Jeder andere Mensch, der diese Anbindung nie verloren hatte, konnte sich jederzeit aus freien Stücken für das Licht und die Liebe entscheiden. Yoah'Toh hat diese Möglichkeit erst seit kurzem wieder. Es ist ein tiefgreifender Prozess, der in Gang gekommen ist. Es ist die große Transformation. Er brauchte dazu Hilfe, sonst wäre seine Seele auf ewig verloren gewesen. Aus der höchsten Sicht gesehen, hatte er den größten Mut von allen. Er ist es wert, dass wir ihm mit unserer Liebe und unserem Respekt begegnen.

Deshalb ersuchen dich die lichten Kräfte: Hilf bitte auch du mit, das Werk, das vor Urzeiten begann, das von Jesus Christus weiterführt wurde, nun zu vollenden. Habe du Nachsicht und Mitgefühl mit dir selbst, mit Yoah'Toh und jedem menschlichen Engel, der sich der Dunkelheit nicht erwehren konnte und sich scheinbar Schuld aufgeladen hat. Spreche dich und damit auch ihn los. Vergebe und lasse dir vergeben. Nimm die Erlösung an. Gott möchte, dass du frei bist von all dem, dass du ihm zu Ehren die Liebe und das Leben genießt und feierst. Das ist es, was dir versprochen ist, und Gott bricht sein Wort nie!

Das große Experiment ist längst beendet. Der Urzustand wird stufenweise wiederhergestellt, die göttliche Ordnung kehrt ein. Nichts wird übrig bleiben von unserem kollektiven (Alb-)Traum. Du wirst in tiefem Frieden sein mit dem, was war – wie schmerzhaft es auch gewesen sein mag –, weil du im Herzen spürst, dass Gott immer bei dir war und ist, ja sogar in dir, und dass du nie alleine oder getrennt warst. Du hattest immer geistige Führung von den Engelwesen. Sie haben dich getragen, wenn du nicht mehr konntest. Sie haben dich zu jeder Zeit geachtet und geehrt, denn sie wussten immer, wer du bist und was du leistest. Du wirst deine Göttlichkeit leben auf Sol'A'Vana – als göttlicher Mensch.

Wenn sich jemand fragt, warum Gott das alles zulässt, was auf Erden an Grausamkeit und Ungerechtigkeit geschieht, warum er nicht eingreift, dann kommt hier die Antwort: Diese Frage stellt nur ein Mensch, der sich seiner Göttlichkeit nicht bewusst ist. Er geht davon aus, dass er selber klein und machtlos ist und irgendwo da oben ein übermächtiger Gott sitzt. Dieser Mensch weiß noch nicht, dass das göttliche Licht in jedem ist. Gott hat es dir versprochen, unter allen Umständen deinen freien Willen und den jedes Menschen zu achten, um dir die Möglichkeit zu geben, dich aus dir selbst heraus immer wieder für die Liebe und das Licht zu entscheiden. Oder – wenn du es für richtig hältst – für die Gegenbewegung, die dunkle Seite in dir, ohne je über dich zu urteilen oder zu richten. Damit hat er dich nicht bevormundet, sondern dir den gesamten Spielraum gelassen, der einem göttlichen Wesen zusteht. In den dunkelsten Zeiten hat er dir den Heiland geschickt. Er hat ihn für alle Menschen geschickt. Auch für diejenigen, die den Messias nicht erkannten, als er vor ihnen stand. Auch für diejenigen, deren Herzen nicht sehend waren, weil sie darauf bestanden, dass Gottes Sohn in aller Pracht herabfahren und mit einem Machtwort für Gerechtigkeit sorgen sollte.

Gekommen war ein Jüngling, der alle alten und starr gewordenen Regeln nicht beachtete, der mit „Sündern" und dergleichen sprach und ihnen dieselbe Liebe entgegen brachte, wie allen. Dafür sollte er sterben. Die Göttliche Quelle hätte sicher eingreifen können, doch sie ließ gewähren. Sie ließ der Menschheit ihren Willen. Sie gab ihren Sohn hin und ließ auch ihm die Wahl. Auch Jesus hätte es verhindern können, ihnen zeigen können, wer die Macht hat. Doch er entschied sich ebenso dafür, den Willen des Kollektivs der Menschheit zu achten, und gab sich dem hin. In vielerlei Hinsicht war die Zeit, als Jesus unter uns war, der heutigen ähnlich. Jesus gab sich der Menschlichkeit hin, teilte den Schmerz, den das Menschsein mit sich bringt, in einem Akt der bedingungslosen Liebe. Nicht weil es unausweichlich war, sondern einfach aus Liebe. Und selbst im Sterben hat er nicht das gemacht, was viele von ihm wollten: Er ist nicht in letzter Minute vom Kreuz gestiegen und hat alle Lügen gestraft und seine Macht demonstriert. Jesus Christus, ich verneige mich in tiefer Liebe und Hochachtung vor dir.

Einmal hat die Göttliche Quelle direkt in das Geschehen eingegriffen, als sie einen Teil von sich aussandte: Jesus Christus. Nachdem Jesus in seiner Inkarnation sein Werk nicht vollenden konnte, wird sie es noch einmal tun, um das zu beenden, was anders nicht vollständig zu beenden ist. Sie hat zugestimmt, Gnadenenergie auszusenden und Yoah'Toh auch gegen seinen derzeitigen Willen nach Hause zu holen. Aus Liebe. Es war die Hauptaufgabe von Jesus, das energetisch vorzubereiten – mit uns allen zusammen, die seit Anbeginn der Zeit daran arbeiten, die göttliche Ordnung wiederherzustellen.

Das wird der finale Akt sein. Yoah´Toh wurde wieder an das Liebesband angeknüpft. Wenn die sog. Übergangsphase auf unserem Planeten zuende geht, wird er wieder seinen Platz einnehmen im Göttlichen Gedankenfeld, der Merkaba Gottes. In tiefer Berührtheit wird er wieder die Liebe fühlen können und wieder das sein, was er immer schon war: der höchste Liebesengel des Universums. Er wird dafür geehrt und gefeiert werden, dass er sich für das Experiment zur Verfügung stellte. Der Atem Gottes, SOL'A'VANA, wird wieder in seinem ursprünglichen Rhythmus in das Universum strömen, auf alle 388 Planeten des ursprünglichen Feldes Lemuria, und es wird die Illusion des Getrenntseins nicht mehr geben. Dieser Moment der Vereinigung wird als der große, planetare Aufstieg bezeichnet. Doch noch liegt die zunächst etwas verwirrende und herausfordernde Zeit der Übergangsphase vor uns. Sie fordert uns auf, die Welt neu zu erbauen. Die große Manifestation hat begonnen.

Diese noch sehr junge Zeitepoche, die 3. Zeit, trägt den Namen QUIN'TAAS. Es ist, wie es damals mit den Pyramiden war - noch ist diese neue Zeitdimension erst für relativ wenige, sehr bewusste Menschen, wahrnehmbar und betretbar. Sie wird genährt und gefestigt und wer sich als Schöpfergeist gewahr ist, wird sie aktiv mitgestalten. Dort entsteht derzeit die höchste planetare Anbindungsenergie, der Tempel SA'MAA'TAH. Darin wird Jesus noch einmal zurückkehren, um im Laufe der Anpassungsphase allen Menschen zu erscheinen und den Planeten zu segnen. Damit wird der ursprüngliche Zustand wieder hergestellt sein.

Wenn du jetzt mit dem Blick des Wissenden auf das gesamte Geschehen blickst, wird dir vieles klarer werden. Massive Energieströme wurden entfesselt, die Wirklichkeitsenergie strömt ein. Alles, was lange im Verborgenen lag, wird sichtbar – auch in den Seelen der Menschen. Das Licht holt die Schattenseiten hervor, um sie zu transformieren. Wir tun das als einzelne, sowie auch als Kollektiv, indem wir sie fühlen. Alles, was du bereit bist zu fühlen, transformiert sich in Liebe. Jedes Gefühl transformiert, auch die vermeintlich negativen wie Wut, Neid, Trauer, Eifersucht und so weiter. Darum sei in diesen Zeiten milde zu dir selber, denn was in dir und auf Sol'A'Vana vorgeht, gehört dazu, auch wenn es oft noch so dramatisch und schlimm für uns ist.

Es sind die Zeichen der Zeit und du bist ein Zeitzeuge. Deshalb sieht es für das ungeübte Auge im Moment so aus, als würde alles den Bach runtergehen und die Menschheit sich selbst zerstören. Diese Sorge und Angst kommt aus dem Verstand, denn seine Vorherrschaft wird enden. Die Herzensebene wird die Führung übernehmen. Du wirst deinen menschlichen Oberflächenverstand nur noch gezielt und bewusst einsetzen, ihn zu deinem Diener machen, wenn du ihn brauchst – zum Beispiel um eins und eins zusammenzuzählen oder Termine zu koordinieren. Ich konnte es mir früher auch nicht recht vorstellen. Du kannst mir glauben, es funktioniert sehr gut, deine Entscheidungen und Handlungen intuitiv anzugehen und die höhere Intelligenz durch dich wirken zu lassen. Damit bricht eine Zeit der kindlichen Freude an und du wirst dein Leben genießen. Es dauert nicht mehr lange. Betrachte die Geschehnisse bis dahin unter der Maxime: Je heftiger die Schattenenergien toben, desto näher sind wir an der Erlösung. Je stärker der Sturm im Außen bläst, desto ruhiger werde in deinem Herzen und vertraue. Wenn die Transformation vorbei ist, der wundervolle Planet Sol'A'Vana und das Planetenbewusstsein Lady Shyenna gereinigt sein werden, wird die Menschheit neu beginnen und sich eine Heimat in Frieden, Harmonie und Wertschätzung erschaffen, in ständiger Verbindung mit allen Ebenen der Wirklichkeit.

Ein reger Austausch mit den anderen Planeten, die einst auch in die Tiefe gezogen wurden und parallel zu uns eine ähnliche Entwicklung durchlaufen, wird entstehen.

Lieber Freund, liebe Freundin, damit sind wir am Ende unserer Reise durch die Zeiten angelangt. Ich danke dir, dass du mir erlaubt hast, dir den groben Verlauf in einer Mischung aus Botschaften der Geistigen Welt, aus eigenen Erinnerungen und Erfahrungen von meinen Reisen durch die Dimensionen in meinen Worten vorzutragen. Damit habe ich einen sehr weiten Bogen um das gespannt, was in diesem Buch mein eigentliches Anliegen ist. Wahrscheinlich ist es hilfreich, die ganze Geschichte zu kennen, um etwas Neues an den richtigen Platz setzen zu können, und um einschätzen zu können, ob es für dich eine Bedeutung hat oder nicht.

Alles ist

Schwingung und Ton.

Die Harmonie der Töne ergibt

eine Melodie.

Die Melodie, die jeder kennt

Ich möchte dir jetzt eine wundersame Geschichte erzählen, die für dich vielleicht gar nicht mehr so verwunderlich ist, nachdem du die vorherige gelesen hast. In Anbetracht der großen Geschehnisse, mag dies wie eine Randnotiz erscheinen. Doch es ist ein Tor, das sich für dich jetzt ganz direkt auftun kann, und das dich womöglich zu einer tiefen und umfassenden Heilung führt.

Es war um das Jahr 1810. Jenseits der Zeit war der Plan seit langem am Laufen. Die hohen, geistigen Hierarchien bereiteten – so, wie zu jeder anderen Zeit auch – das große Fest vor: die Heimreise des Planeten Sol'A'Vana in die göttlichen Magnetfeldlinien, auch bekannt als der Aufstieg. Vieles war zu tun und vorzubereiten. Einer der großen Lenker der Energien, der Thronenengel Nathaniel – im Universum unter anderem für die Zuordnung und Ausrichtung der Heilfrequenzen zuständig –, wandte sich mit klarem Blick dem Planeten zu und scannte alle möglichen Menschen, die zu Beginn des 19. Jahrhunderts inkarniert waren. Er suchte nach etwas Bestimmtem, nach einem Menschen mit offenem Herzen, sensitiv und begnadet.

Er suchte nach einem geeigneten Kanal, wie er es schon so oft getan hatte. Nathaniel, Hüter der Heilungsstrahlen des Universums, gedachte, eine bestimmte Energie – vorbereitend – auf Sol'A'Vana zu manifestieren. In weiser Voraussicht auf die Zeiten, die da kommen würden. Jeder Heiler hatte zu jeder Zeit auf jedem Planeten im Universum letztendlich seine Erwählung und Einweihung in die verschiedensten Heilströme des Kosmos genau auf diese Art und durch ihn erhalten: Nathaniel!

Und da fand er ihn: Ludwig van Beethoven, wie er sich damals nannte. Im Universum als ein Engel der schönen Künste bekannt, lebte er das auch bereits auf Erden. Zudem war Herr Beethoven gerade dabei, sein Gehör vollends zu verlieren, sodass er auf den inneren Klang und das Fühlen der Energie angewiesen war – perfekt. All das schien seit langem so vorbereitet – und so war es auch.

Nach einer gewissen Vorbereitung durch die Geistige Welt begann Beethoven innerlich eine Melodie zu hören und schrieb sie auf – und da war sie: Für Elise.

Noch heute ranken sich Gerüchte und streiten sich die Gelehrten darüber, wer wohl die geheimnisvolle Frau im Leben Beethovens war, die sich Elise nannte. „Für Elise" bedeutet nichts anderes als „Für das Leben". Die Eliseenergie ist die grundlegende Lebensenergie, die die Seele und der Körper brauchen, um sich in der Dualität halten zu können. Fast zweihundert Jahre hatten zu vergehen, bevor diese Information mit der dazugehörigen Energie freigegeben wurde.

Ich bin mir durchaus bewusst, dass diese Behauptung sehr unmittelbar und forsch in die allgemeine Lehrmeinung eingreift. Doch nicht zufällig verbreitet sich eine solche Tonfolge, die ja eine Energie zum

Ausdruck bringt, so über den ganzen Planeten. Die Seelen der Menschen öffnen sich einer Melodie, wenn sie etwas Bestimmtes in ihnen anrührt, eine Erinnerung auslöst. Da deine Seele ja nicht dem Verstand unterliegt, sondern die Wirklichkeit kennt, weiß sie auch, wann etwas gut für sie ist. Oftmals unterdrücken Menschen die Impulse der Seele und folgen dann doch dem Verstand. Das ändert aber nichts daran, dass deine Seele den Weg kennt.

Nun hört es sich so an, als wärest du hier, da deine Seele und dort dein Verstand – als wären das verschiedene Dinge. Natürlich bist das alles du. Es sind verschiedene Instanzen in dir, mit unterschiedlichen Aufgaben. Es obliegt dir – benennen wir das einmal als dein Bewusstsein - als das du dich wahrnimmst - zu entscheiden, welcher der Instanzen du die Entscheidungen überlässt, und welchen Weg du wählst. Tagtäglich sind Hunderte kleinere und größere Entscheidungen zu treffen.

Ein Mensch mit hohem Bewusstsein, der sich für den Weg des Erwachens entschieden hat, wird zunehmend mehr der Führung seiner Seele, seines Herzens vertrauen und danach handeln. Er stellt dabei im Nachhinein immer wieder fest, dass das die richtigen Entscheidungen waren, die ihn weitergebracht haben. Sein Leben verändert sich dadurch immer mehr zum Positiven und er gewinnt dadurch immer noch mehr Vertrauen in seine Intuition. Die Verbindung zu seiner Seele wird gestärkt und irgendwann gibt es nicht mehr den geringsten Zweifel, welcher Instanz er die Führung überträgt.

Üblicherweise baut ein Mensch, der den Zweifel in sich trägt, ganz auf den Verstand. Er analysiert, vergleicht, rechnet und kontrolliert. Er ärgert sich zwar immer darüber, wenn er wieder mal feststellt, dass alles Brüten und Nachdenken nicht zum erwünschten Ergebnis geführt hat, doch er verbucht es einfach unter: „Ich hab es nicht gut genug berechnet", und nimmt sich vor, nächstes Mal gründlicher zu sein. So nimmt das Schicksal seinen Lauf und das im wahrsten Sinne. Das, was wir als unergründliches und unberechenbares Schicksal bezeichnen, will uns doch nur eines zeigen: Du kannst das Leben niemals auf der Verstandesebene erfassen und es auf diese Art berechnen und kontrollieren.

Ein Schicksalsschlag führt einem das dann unmissverständlich vor Augen. Unmissverständlich? Oftmals weit gefehlt: So tief ist der Glaube an die rationellen Fähigkeiten, dass man dort das Problem unter keinen Umständen vermutet. Eher ist das böse Schicksal schuld, Gott ist grausam oder andere Menschen sind dafür verantwortlich. Das ist Opferdasein. So sieht ein unbewusstes, eingeschränktes Leben aus. Es bedarf schon eines gewaltigen Schicksalsschlages, der einem praktisch keine Wahl mehr lässt, als etwas über den Tellerrand hinauszuschauen, um eine Umorientierung und Verhaltensänderung zu bewirken. Zu solchen plötzlichen, einschneidenden Ereignissen kann es kommen, wenn jemand seiner Seele die Gefolgschaft vollkommen verweigert. Es ist aber keine Strafe Gottes, sondern beabsichtigt eine Kurskorrektur und geht von dir selbst aus – von deinem Seelenkern. Natürlich kann es auch andere Gründe dafür geben. Unfall, schwere Krankheit, Verlust der finanziellen Existenz, plötzliches Ableben und so weiter – all das kann auch einen sehr bewussten Herzensmenschen treffen. Doch das ist viel seltener und auch dahinter steht ein tieferer Sinn. Weil dem so ist, sollte man aber nicht schlussfolgern, dass es dann doch eh egal ist, welcher Instanz man nun folgt. Deiner Seele, also dir, als der oder als die du bist – jenseits der Illusion –, geht es nicht darum, dich durch solche Interventionen zu einem Gutmenschen zu erziehen, der gottesfürchtig allem abschwört, was „verwerflich" ist. Das sind menschliche Moralvorstellungen, nicht die Absichten deiner Seele. Sie möchte dich klar blicken lassen, dich daran erinnern, warum du hier bist, welche Aufgabe du hast, welches Versprechen du einst gegeben hast, als du das erste Mal in Lemurien inkarniertest. Nämlich alles zu tun, was in deiner Macht steht, um den Planeten nach Hause zu holen.

Dieses Versprechen hast du, vor dem Universum als Zeuge, dir selbst gegeben. Es ist in Wahrheit dein ganzes Streben und ein Teil deiner Sehnsucht, dem gerecht zu werden. Die Dualität und dein Verstand haben auch den Sinn, dich davon abzulenken, sodass es deine ganze Absicht und Kraft braucht, deine tägliche Entscheidung dafür, um das zu bewirken. So – genau so – wirkt ein Engel auf Erden-Sol'A'Vana. Dazu wurdest du geschult und ausgebildet. Genau darauf hast du dich von Anbeginn an vorbereitet. Das ist der Sinn deines Lebens hier – nicht weniger. Findest du nicht, dass daneben die mangelnde Sinnhaftigkeit einer vergänglichen Existenz, als zufällig, durch irgendeine Evolution entstandene Lebensform, armselig wirkt? Warum sollte sich damit auch nur ein einziger der Milliarden göttlichen Menschen zufrieden geben? Einer weckt den anderen auf – bis alle wach sind. So ist der Plan. Wenn 144 000 Menschen voll und ganz erwacht sind, wird es eine Kettenreaktion geben und das gesamte Kollektiv wird erwachen. Wir sind sehr nahe daran. Auch wenn es manches Mal anders scheint. Es ist nie wie es scheint.

Wer glaubst du hat dir dieses Buch zugespielt? Der Zufall? Ein Bekannter? Dein Partner? Ein Freund? Ja, der beste Freund war es – du selbst bist es gewesen. Du hast deinen Weckruf selbst inszeniert. So arbeitet deine Seele, die Göttlichkeit in dir. Vertraue auf diese Führung.

Was haben nun all diese Ausführungen wieder mit dem Titel des Büchleins und der Melodie „Für Elise" zu tun? Ich schreibe die Zusammenhänge aus dem energetischen Fluss heraus auf und lasse mich dabei führen, versuche nicht, dem Fluss der Energie eine bestimmte Struktur aufzuzwängen – in vollem Vertrauen, dass es genau so richtig ist. Denn alles hat mit allem zu tun, alles ist holografisch miteinander verwoben. Nichts ist getrennt voneinander. Alles zusammen gibt ein Bild. Du wirst dieses Bild erfassen, wenn es fertig gemalt ist. Auch brauchst du es nicht verstehen, es ist in dem Sinne nicht zu verstehen. Aus Reisen durch die vielen Ebenen der Dimensionen weiß ich aus der Tiefe meiner Seele, dass es so ist. Die multidimensionale Natur des Universums entzieht sich unseren begrenzten, sprachlichen Möglichkeiten. Du musst es übrigens auch nicht verstehen, damit es funktioniert. Es zu fühlen bewirkt mehr als jedes Verstehen.

Vertrauen und Fühlen sind die beiden Säulen der neuen Energien, der beginnenden Zeitepoche Quin'Taas. Die Eliseenergie stärkt das Urvertrauen und hilft dir dabei, dich als ein Ganzes zu fühlen.

Sicherlich möchtest du nun endlich wissen, was es mit der Eliseenergie auf sich hat und wie diese Heilenergie wieder den Weg auf unseren Planeten gefunden hat? Dafür lasse ich dich nun gerne an meinem Wirken als Botschafter, Medium und Seminarleiter teilhaben, den ich seit 1999 hauptberuflich ausübe.

Die Energie Elise

Als mir Nathaniel im Jahre 2003 einen Kanal für seine Botschaften öffnete, wusste ich nicht viel über Nathaniel und auch nicht, was ich mit diesem Geschenk anfangen sollte. Es passierte zunächst einmal nichts und es gingen Jahre ins Land, bis der Ruf in meiner Seele ertönte. Ich spürte, dass Nathaniel etwas von mir wollte, aber was? Zwei Frauen riefen mich an und wollten von mir eine Heilbehandlung. Da ich sonst keine Heilbehandlungen anbot, fiel mir darauf nur Nathaniel ein.

Ohne zu wissen, was da auf mich zukommen sollte, vereinbarte ich die beiden Termine. Die Sitzungen waren erstaunlich – für mich und die beiden Damen. Noch während der Behandlungen kamen die Informationen – Stück für Stück, nicht zu viel und nicht zu wenig. Die Energie in meinen Fingerspitzen und Handflächen entwickelte eine enorme Dynamik. Ich weiß nicht mehr, wie es zuging, aber plötzlich wollten sehr viele meiner Klienten eine Behandlung mit Nathaniel. Die Jahre davor hatte ich nur Channeling-Einzelsitzungen gegeben und Seminare verschiedenster Art – nie auch nur eine Heilbehandlung, außer Jahre zuvor Reiki. Überhaupt sah ich mich nie als Heiler an, sondern viel mehr als Medium.

Mein spiritueller Weg begann – wie bei vielen anderen auch – mit Reiki. Es ist eine schöne und liebevolle Energie – auch heute noch –, aber mir machte das Behandeln irgendwie nicht so recht Spaß. Es war mir auch zu mühevoll, eine Stunde an der

Liege zu stehen und zu behandeln. Dennoch machte ich meinen Reiki-Meister und -Lehrer und begann, andere einzuweihen. Das machte mir sehr wohl Freude, die Einweihungsenergien waren einfach zu schön. Außerdem konnte ich dabei den Menschen mit Worten die Einfachheit der Dinge erklären. Dass das Annehmen des Auftrages, die Eliseenergie in der Neuzeit unter die Menschen zu tragen, mir eine neue Lektion in Sachen Einfachheit bescheren würde, konnte ich nicht ahnen. Eine Übertragung der Eliseenergie dauert ungefähr 20 bis 25 Minuten, was völlig ausreichend ist, denn sie ist sehr effektiv.

Eine neue Erfahrung begann, als ich anfing, zusammen mit Nathaniel zu wirken. Die Energie, die er mir sendete, war mir nicht unmittelbar bekannt, aber dennoch sehr vertraut und selbstverständlich, fast schon heimelig. Ich erlebte kleine und große Wunder bei den Sitzungen, hatte tiefe Einsichten und nach und nach gab Nathaniel immer mehr Informationen dazu preis. Ich habe dann in ungefähr einem halben Jahr ca. 60 bis 70 solcher Sitzungen gegeben und konnte viele Erfahrungen sammeln. Plötzlich war es fast abrupt damit zu Ende. Kaum jemand machte mehr Termine aus. Dafür nahmen die Buchungen für Channelings wieder stark zu. All das wunderte mich erst ein wenig, doch dann wurde es mir klar: Ich sollte an das große Ganze denken und Elise in die Welt hinaustragen. Ich hatte es mir schon so gemütlich eingerichtet und schwelgte bei den Sitzungen in den Eliseenergien. Ich hatte längst herausgefunden, dass diese Sitzungen auch mir selbst viel brachten. Doch dieser Abschnitt der „Arbeit" war erst einmal vorbei.

Nach Rücksprache mit Nathaniel begann ich damit, Mila-Seminare zu geben. Ich nannte sie Mila, weil mir Nathaniel bei den Sitzungen eine Impulstechnik übermittelt hatte, die das neue, beziehungsweise ursprüngliche Meridiansystem – das axiatonale Meridiansystem – anregt und ausdehnt. Die Impulsfrequenzen konnte ich während der Sitzungen immer deutlicher spüren. Erst nach und nach begriff ich, was es damit auf sich hat. Nathaniel zeigte mir bestimmte Punkte am physischen Körper, die ich mit den Fingerspitzen berühren sollte. Dann sollte ich einen Energieimpuls zulassen, den Nathaniel durch mich sendete. Bis zu diesem Zeitpunkt dachte ich noch, ich würde mit der Energie von Nathaniel arbeiten, aber das stimmt nur zum Teil. Nathaniel trägt an sich keine Heilenergie, sondern er lenkt die Strahlen der Heilung – entweder zu Engelsgruppen, die diese Energie weitertragen, oder zu einem Kanal, sprich Heiler, direkt.

Nachdem ich einige Mila-Seminare gegeben hatte, die sich sofort wieder großer Beliebtheit erfreuten, kam eines Tages plötzlich die Information: „Die Energie mit der du arbeitest, nennt sich Elise." So lange hatte Nathaniel damit gewartet – wer weiß warum. Vielleicht um sicherzugehen, dass ich diesen Auftrag auch annehme und umsetze. Damit wurden mir auch schlagartig weitere Zusammenhänge bewusst. Hatte ich nicht dieses Lied „Für Elise" seit meiner Kindheit immer wieder ganz unvermittelt auf den Lippen? Ich weiß, das geht vielen so – und das aus gutem Grund: Es gibt wohl wenige bekanntere Melodien auf der Welt als dieses berührende Stück von Beethoven! Was hat es damit auf sich?

Wenn ein Licht, eine Seele, im Universum erschaffen wird, geben ihre kosmischen Eltern ihr vielerlei mit auf den Weg. Neben dem Grund des Erschaffens, den besonderen Fähigkeiten und allen anderen Attributen erfüllen weitere Energieformen eine wichtige Rolle. Die Eliseenergie ist eine davon. Wenn man es mit dem Mutterleib vergleicht, in dem ein Baby heranreift, dann wäre die Eliseenergie wohl so etwas wie das Fruchtwasser, in dem der Fötus schwebt – fern der Erdenschwere und tief geborgen, genährt und umsorgt. Ähnlich geschieht es auch im Universum, wenn das Seelenlicht in seiner Lichthülle, auch Monadenseele genannt, reift – durchdrungen von der Eliseenergie.

Immer dann, wenn ein Seelenlicht eine Inkarnation beendet, kehrt sie heim zu ihrer Monadenseele, ihrem Ursprung, zu ihren kosmischen Eltern und badet auch wieder in der Eliseenergie. Dabei nimmt sie so viel Elise auf, wie sie für die nächste Inkarnation braucht, und nimmt dieses Reservoir mit in die Inkarnation. Unser gesamter Lichtkörper, die Merkaba, besteht aus 21 Aspekten. Mit 18 Aspekten haben wir inkarniert, drei blieben im Universum zurück. Diejenigen Aspekte, die während einer

Inkarnation unmittelbar der Dualität ausgesetzt sind, brauchen diese Energie. Das sind der körperliche Aspekt, der Seelenaspekt und der männlich-weibliche Aspekt, den ich hier als Teil des Seelenaspektes mit einbeziehe. Die anderen Aspekte sind ganz von der Wirklichkeitsenergie durchflutet und nähren sich von dort. Die drei Aspekte, die jeweils der aktuellen Inkarnation zugeordnet sind, brauchen ebenso Nahrung, um innerhalb der Dualität zu überleben, um sich dort halten zu können.

Der Seelenaspekt besteht in seinem Inneren aus dem Seelenkern, der absolut unantastbar ist: dein göttliches Licht. Im Seelenkern zirkulieren nur Wirklichkeitsenergien. Wenn es zum Beispiel heißt: „Tief in deiner Seele spürst du die Wahrheit", dann wird Bezug auf den Seelenkern genommen. Der Teil deines Seelenaspekts, der der Dualität ausgesetzt ist, wird auch als Seelenkleid oder Aura bezeichnet – bestehend aus dem Emotionalkörper, dem Mentalkörper und dem spirituellen Körper. In diesen Schichten befinden sich hauptsächlich Wirklichkeitsenergien, an der Oberfläche aber auch Energien der Dualität.

Während die Wirklichkeitsenergien homogene und in sich stimmige Energiemuster erzeugen, bewirken die dualistischen, illusionären Energien Störfelder, die nicht mit der wahren Natur deiner Seele kompatibel sind. Oftmals wird das als Energiestau oder als Blockade wahrgenommen. Das kann sich im körperlichen Aspekt, wenn es nicht behoben wird, als eine massive Störung manifestieren. Das wird dann als Krankheit bezeichnet.

Der körperliche Aspekt ist in seiner Energie der dichteste. Er trägt am meisten an der Dualität. Da er nicht so hoch schwingt wie die Aurakörper, verhält er sich auch relativ träge – was Veränderungen betrifft. Doch gerade er ist es, mit dem sich die meisten Menschen am meisten identifizieren – einmal abgesehen von ihrer Gedankenwelt. Deshalb ist es auch den meisten das vordergründigste Anliegen, Heilung für den Körper zu erzielen. Zumal er aus seinem Leid kein Geheimnis macht, sondern es in Form von Schmerzen mit dem Bewusstsein teilt.

Die verschiedenen Ebenen dieses Vier-Körpersystems sind nicht voneinander getrennt, sie greifen ineinander. Wenn es ein energetisches Problem gibt, dann wird das – mehr oder weniger – in jeder Ebene sichtbar. Der spirituelle Körper schwingt am höchsten, der mentale etwas niedriger, der emotionale noch niedriger, der physische am niedrigsten. Und so verhält sich auch die Abfolge, was das Verarbeiten von nicht dienlichen Energien anbelangt. Sie werden vom höchstschwingenden Körper in den nächstniedriger schwingenden Körper verschoben. Denn der höher schwingende Körper ist näher an der Wirklichkeit als der tiefer schwingende – und so verdrängen die Energien der Wirklichkeit den Großteil der Energien der Dualität, reichen sie einfach an den nächsten weiter. Der letzte im Bunde ist der physische Körper. Alles was nicht vorher schon transformiert werden konnte, wird dann über die Chakren, die als Energiezentren dienen, in den Körper verschoben. Die Chakren sind die Schnittstellen zwischen den feinstofflichen Körpern und dem physischen Körper. Da, wie schon an anderer Stelle erwähnt, der physische Körper als Illusion gilt, spielt es aus höherer Sicht keine entscheidend große Rolle, wenn er an dem energetischen Müll erkrankt und vielleicht sogar stirbt. Denn du, als lichtes Wesen, brauchst ihn nicht unbedingt, um am Leben zu bleiben. Er dient dir „nur" dafür, dass er dich und deine Lichtstruktur in der Inkarnation hält.

Aus rein menschlicher Sicht sieht es natürlich ganz anders aus. Da sich kaum jemand so wirklich sicher ist, ob das Sterben einen Übergang oder das Ende bedeutet, klammern die Menschen sich natürlich an den Körper, geben dem Erhalt des Körpers oberste Priorität. Und das ist auch gut so, dass ein Teil von dir sich um den Körper kümmert. Klar hast du auch als Lichtwesen Interesse daran, dass dein Körper nicht ablebt, weil er dir ja dient, um hier deinen Dienst und Auftrag zu tun. Aber notfalls hast du ihn immer zurückgelassen, bist in einem neuen Körper wieder zurückgekehrt.

Dein Seelenaspekt hingegen ist ein wichtiger Bestandteil deiner Lichtstruktur, ihn zu verlieren ist undenkbar. Er trägt viele wichtige Erinnerungen und einen Teil deiner Individualität. Wenn der Seelenaspekt gefährdet ist, wird die Inkarnation beendet, indem der Seelenaspekt vom Lichtkörper angesaugt wird. Der körperliche Aspekt kann dem nicht folgen und bleibt unbelebt zurück.

Der Lichtkörper faltet sich beim Sterbeprozess zusammen und wird von den Sewaja-Engeln bewacht und vom Schutzengel durch das Sternentor begleitet. Dort wird der Heimkehrer von verschiedenen Lichtwesen erwartet, in Ehren begrüßt und besungen. Auch der persönliche Elise-Engel ist dabei anwesend und hat die Aufgabe, die Seele (hier ist mit Seele das ganze Licht gemeint) zu ihren kosmischen Eltern zu begleiten. Auch dort und an allen anderen Stationen, die die Seele in diesem Prozess durchläuft, wird sie freudig begrüßt. Sie kehrt heim in den Schoß ihrer Erschaffung, badet in Liebe, Licht und Geborgenheit und ruht sich etwas aus.

Während sie ihre nächste Inkarnation plant und sich ihre neuen, leiblichen Eltern aussucht, nimmt sie alles in sich auf, was sie für die Folgeinkarnation braucht. Sie füllt unter anderem ihren Seelenaspekt mit einem Vorrat an Eliseenergie auf, bevor sie sich in ihren neuen Körper einwebt. Meist bringt die Seele, also „das Kind", auch einen Teil Eliseenergie für die Mutter mit –sozusagen als Geschenk.

Als Feld im Universum wird die goldene Energie Elise von den Elise-Engeln getragen.

Die Eigenschaften von Elise

Elise ist der Brennstoff für das Leben in der Dualität. In früheren Zeiten – seit der Zeitepoche Avalon – stand dieser während der Inkarnation nur begrenzt zur Verfügung. Wenn der Vorrat erschöpft war, musste die Inkarnation beendet werden. Vielleicht kommt daher die Vorstellung, dass einem die Lebenszeit vorgegeben wäre. Das stimmt so nicht. Vielmehr war es immer das Haushalten mit unserem Elise-Vorrat, der darüber entschied, welches Alter wir erreichten. Ausgenommen, die Seele entschied sich aus anderen Gründen vorzeitig zu gehen. Im Jahre 2008 hat die Geistige Welt die Eliseenergie für den Planeten Sol'A'Vana und somit auch für deren Bewohner freigegeben. Seitdem ist es möglich, die Eliseenergie schnell und einfach wieder aufzufüllen. Die entsprechenden Erinnerungsmuster in den Seelen der Menschen wurden schon lange vorher aktiviert, durch die Klänge „Für Elise".

In der traditionellen chinesischen Medizin wird Elise als das „vorgeburtliche Ching" bezeichnet. Das Ching, das einem mitgegeben wurde und sich mit der Zeit erschöpft. Dagegen kennen die Chinesen auch das „Lebens-Ching", das immer wieder aufgefüllt werden kann, zum Beispiel durch Singen, Tanzen, Lachen, Liebemachen. Anders ausgedrückt: durch die gelebte Freude am Leben! Gerade aber der Mangel an Lebensfreude bis hin zur Depression ist es, der den Elise-Vorrat aufbrauchen kann. Auch bei schweren Krankheiten und Schockerlebnissen, oft schon bei der Geburt, wird Eliseenergie verbraucht.

Die Eliseenergie hat mehrere wichtige Eigenschaften. Eine weitere ist, dass sie dich auf allen Ebenen erdet, also dein ganzes Vier-Körpersystem. Dazu muss man wissen, dass sich Erdung in den Aurakörpern genauso absteigend ausbreitet – ähnlich wie vorher beschrieben bei der Energie der Dualität. Nur, dass Erdung eine sehr erwünschte, dienliche Energie ist. Das heißt, wenn du in deinem spirituellen Körper gut geerdet bist, dehnt sich die Erdung tendenziell auch in die niedriger schwingenden Körper aus – falls dein Energiesystem einigermaßen gut arbeitet. Anders herum ist das nicht der Fall. Wenn also beispielsweise ein sehr bodenständiger Mensch, der sich viel bewegt und naturverbunden ist, auf der körperlichen Ebene eine gute Erdung hat, wird er zwar meist emotional auch gut geerdet sein, also eher ein ausgeglichenes und gelassenes Verhalten zeigen, doch mit der mentalen und spirituellen Erdung kann es schon anders aussehen.

Der Begriff der Erdung stammt von der Wortbedeutung her von der früheren Planetenschwingung „Erde" ab. Zum besseren Verständis werden wir diesen Begriff wohl noch einige Zeit so verwenden, doch letztendlich bedeutet es, dass in deinen Energiefeldern Harmonie und Balance herrscht und die Energien dort gut angebunden sind, gut verankert und dennoch frei fließen. Darum kannst du Erdung auch mit Heilung gleichsetzen. Dein Lichtkörper braucht in dem Sinne keine Erdung und auch keine Heilung, er braucht nur decodiert und die kristallinen Strukturen, die du als Begrenzung eingesetzt hast, entfernt werden. Doch dort, wo du Verletzungen erlitten hast, wo die Dualität durch schmerzhafte Lieblosigkeit Narben, begrenzende Gedankenmuster und Verwerfungen hinterlassen haben, wird Heilung gebraucht – in deinem Seelen- und deinem Körperaspekt. Wenn sich die Erdung in deinen Aurafeldern und in deinem Körper dauerhaft harmonisch hält, wäre das ein Zeichen, dass du völlig geheilt bist.

Doch bedenke, dass schon jeder Gedanke der Dualität dieses Gleichgewicht wieder empfindlich stören würde. Da wir uns auch noch in der Dualität zu bewegen haben, würde ich empfehlen, keinen übertriebenen Ehrgeiz aufzuwenden, um zu versuchen, jeden Gedanken und jedes Wort zu kontrollieren und Emotionen nicht zuzulassen – nur dafür, dass dieses Gleichgewicht nicht gestört wird. Damit setzen sich spirituell übermotivierte Menschen oft unter Druck, und das ist für die Leichtigkeit und die Eigenliebe nicht förderlich. Erneuere deine Erdung lieber täglich – oder bei Bedarf öfter –, dann bist du gefestigt genug, um dich deinem Leben in der Dualität zu stellen.

Reinigen und schützen kannst du deine Aura am besten, indem du die göttliche Liebe in dir fühlst. Dehne dein Herzchakra dazu aus – wie eine strahlende Sonne, die dich ganz umhüllt. Lasse deine Aurakörper und deine Chakren von der Liebesenergie durchfluten. Du brauchst keinen speziellen Schutz aufzubauen. Die Gewissheit, dass die Liebe und das Licht in dir sind, reicht aus. Die Vorstellung, dich vor etwas Dunklem und Bösen schützen zu müssen, fördert die Angst in dir hervor, drängt dich in die Defensive und führt dich von deiner göttlichen Macht weg. Die Lösung ist wie immer: die Liebe. Die Liebe ist die höchste Macht und sie ist in dir - du bist Liebe. Keine dunkle Energie kann sich an die Liebe anhaften. Dunkle, unbewusste Energien suchen sich immer dunkle, unbewusste Energien und haften dort an. Deswegen ist Schutz aus Angst vor etwas nicht besonders sinnvoll. Liebe ist der beste Schutz. Diese Liebe sieht das göttliche Licht in jedem Menschen und achtet und ehrt ihn dafür. Das ist die übergeordnete Form der Liebe.

Dennoch brauchst du dich nicht unter Druck zu setzen, jeden Menschen auf die gleiche Art lieben zu müssen. Denn auf der Ebene der menschlichen Liebe ist vor allem Ehrlichkeit dir selbst gegenüber wichtig. Sonst wäre es ja völlig egal, mit wem du befreundet bist oder wen du heiratest. Die verbreitete Vorstellung, alles und jeden immer nur bedingungslos lieben zu müssen, um spirituell zu sein, führt oft dazu, dass es gekünstelt und unauthentisch wird.

Du kannst zu jedem Zeitpunkt ehrlich mit dir sein. Wenn dir etwas noch nicht möglich ist, dann ist es okay. Es ist wie es ist, doch es ist in Bewegung, weil deine Seele dich führt. Gehe deinen Weg so, wie du ihn gehen kannst. Es ist dein persönlicher Weg, du bist keinem anderen Menschen darüber Rechenschaft schuldig. Es gibt keine Vorgaben, wie ein spiritueller oder erwachter Mensch zu sein hat. Du bist – so, wie du bist – genau richtig, Bleib dir selbst treu, denn auch deine Persönlichkeit ist einzigartig. Du musst in kein spirituelles Raster passen.

Erdung wurde in früheren Zeiten meist durch die Verbindung mit Mutter Erde angestrebt, doch das funktioniert so nicht mehr. Unser Planet Sol'A'Vana, dessen Bewusstsein sich Lady Shyenna nennt, ist ein lebendes Wesen, ein hochspirituelles noch dazu – so wie du. Ihr Energie- und Körpersystem ist ähnlich aufgebaut wie deines. Nur in einem hat sie es einfacher als die Menschen: Sie besitzt keinen Verstand. Sie trägt ein intuitives Bewusstsein, das sehr hoch entwickelt ist. Auch sie hat sich enorm ausgedehnt in ihrer Energie und ist sich des Aufstiegsprozesses voll bewusst. Dennoch ist das kollektive Gedankenfeld ein Teil ihres Bewusstseins, so wie bei jedem einzelnen Menschen auch. Allerdings nur ein relativ kleiner Teil an ihrer Seelenoberfläche.

Energetisch, also in der Ausdehnung ihres Lichtkörpers, sind die meisten Menschen schon weiter fortgeschritten als es den Anschein hat. Die meisten sind energetisch bereit für den Sprung. Doch in den Seelenaspekt lassen sie oft diese hohen Energien des Lichtkörpers noch nicht einfließen, weil sie voller hinderlicher Überzeugungen und Glaubenssätze sind, voller Zweifel an der spirituellen Wirklichkeit und voller Selbstzweifel. Wie gesagt, der Verstand herrscht noch vor und blockiert, dass das, was im Lichtkörper, in den hohen Aspekten schon decodiert wurde und eigentlich zur Verfügung steht, auch gefühlt und angenommen werden kann.

Doch es wird ein Punkt kommen, an dem der Verstand nicht mehr leugnen kann. Dann wird alles fühlbar werden. Dass das Kollektiv der Menschen in seinem Lichtkörperstatus schon so erhöht ist, hat damit zu tun, dass es mittlerweile viele erwachende und erwachte Menschen gibt, die gemeinsam für das Licht wirken – und zwar ganz bewusst, mit all ihrer Hingabe und Liebe. Dadurch wird das kollektive Feld automatisch mit nach oben gezogen, denn das Kollektiv sind wir alle. Auch Lady Shyenna ist Teil des Kollektivs, so wie alle Menschen ein Teil des Planetenbewusstseins Lady Shyenna sind. Wir sind eine Einheit.

Das kollektive Gedankenfeld, auch oft morphogenetisches Feld genannt, verbindet uns miteinander. Das kann sich vorteilhaft auswirken, wenn erwachte Menschen Gedanken- und Gefühlsmuster der höheren Art in dieses Feld einspeisen, sodass sie für jeden Menschen abrufbar werden. Andererseits kann dieses kollektive Energiefeld einen auch ganz schön gefangen halten und einem das Erwachen erschweren. Jeder Gedanke, jedes Gefühl, das jemals von Menschen gedacht oder gefühlt wurde, ist dort präsent. Es bildet alle nur möglichen Gedanken der Illusion und Gefühle der Angst, in allen möglichen Varianten und Schattierungen ab. Andererseits sind dort auch viele lichtvolle Gedanken der Liebe, des Mitgefühls und des Vertrauens zu finden. Doch wie wir schon ergründet haben, ist die Grundlage des menschlichen Denkens hauptsächlich noch eine trennende Sichtweise der Dinge. Somit sind die meisten Menschen unweigerlich den gespeicherten Inhalten des kollektiven Gedankenmusters ausgeliefert, die sie in der Illusion halten. Es ist wie ein großer, planetarer Erfahrungs- und Wissensspeicher, an den jeder angebunden ist - mehr oder weniger.

Ein Mensch, der völlig unbewusst ist, denkt kaum selbst – er wird vom kollektiven Gedankenfeld gedacht. Das heißt, es wird immer wieder auf den bereits vorhandenen Erfahrungs- und Wissensschatz zurückgegriffen. Die Antwort auf jede Frage und die Lösung für jedes Problem ist ja schon da. Sie werden einfach dort abgeholt und zur eigenen, persönlichen Meinung gemacht. All das geschieht natürlich unbewusst. Kaum jemand hinterfragt diese Gedankenkonstrukte, sondern übernimmt sie unbesehen und posaunt sie sogleich wieder in die Welt hinaus. Deswegen werden sie aber nicht wahrer, die Illusion bestätigt sich dadurch nur immer wieder selbst. Das hat auch eine Auswirkung auf das Bewusstsein von Lady Shyenna. Da das Massenbewusstsein der Menschen ja ein Teil ihres Bewusstseinsfeldes ist, entsteht eine Wechselwirkung.

Wer sich auf den Weg des Erwachens macht, wird lernen, sich zunehmend aus dem kollektiven Gedankenfeld auszuklinken, also zunächst einmal

Abgrenzung zu üben und sich dafür mit dem göttlichen Gedankenfeld zu verbinden. Das nennt man, sich inspirieren lassen, um dann mit einer offenen, neutralen Denkweise neue Schlüsse zu ziehen und Gedanken der Wirklichkeit zu denken. Das übernimmt dann der höhere, mentale Geist, nicht der Oberflächenverstand, wohlgemerkt. Dann fließt dieses höhere Gedankengut in das kollektive Feld ein und andere Menschen, Suchende, können darauf zurückgreifen, bis sie soweit sind, um wiederum eine Inspiration für andere zu sein.

Wenn du die Illusion in ihren Grundzügen durchschaut hast, dann brauchst du dich nicht mehr vom kollektiven Gedankenmuster abzugrenzen. Dann hat es kaum mehr einen Einfluss auf dich, zumindest keinen, der dich aus der Bahn werfen könnte. Doch das ist nicht die einfachste aller Übungen. Es braucht sehr viel, um sich komplett auszuklinken. Wer das schafft, für den gelten keine Begrenzungen mehr. Selbst die Physik beugt sich dem dann.

Warum sollte ein Apfel nach unten fallen, wenn du nicht mehr daran glaubst? Warum sollte das stärkste Nervengift dir etwas anhaben können, wenn diese Überzeugung in dir nicht mehr wirkt? Warum sollte eine Wand für dich ein Hindernis darstellen, wenn du sicher bist, dass du reine Energie bist und einfach durchgehen kannst? Warum sollten die Dunkelheit und Angst dich tangieren, wenn du weißt, dass sie keine Macht über dich haben? Einige wenige

Avatare auf Erden leben in diesem Bewusstsein – und es werden immer mehr. Irgendwann wird das die kollektive Realität sein. Gräme dich nicht, wenn du das nicht in Kürze beherrscht. Ich tue mich auch noch schwer, durch eine Wand zu gehen. Merkst du, wie tief die Überzeugung sitzt, dass das nicht möglich wäre? Der auch nur allergeringste Zweifel verhindert es.

Bis die letzten Begrenzungen fallen, gibt es vorher noch viel mehr, viel interessantere Dinge zu erkunden. Die ersten Schritte die du tust, sind die größten und spannendsten – es sind Quantensprünge. Danach werden die Schritte immer kleiner. Zum Schluss wird es nur noch eine Randnotiz sein, durch eine Wand zu gehen, und dir fast selbstverständlich vorkommen. Viel leichter und schöner ist es, durch das Sternentor in die Wirklichkeit oder in deine anderen Inkarnationen zu reisen, mit den Engeln zu sprechen, tiefe Erkenntnisse des Herzens zu haben und das Wunder der Liebe zu bestaunen.

Um das Thema Erdung noch abzuschließen: Du kannst dich also über oder in Mutter Erde nicht mehr wie früher erden, weil sie mittlerweile schon höher und zwar in den Tönen Sol'A'Vana schwingt. Sie erfährt Erdung im nächst höheren Logos, im solaren Feld, das den Namen Re, Sonnengott, trägt. Dort kannst du dich selbst auch erden – oder sollte ich besser sagen, sonnen? Am besten erdest du jede deiner energetischen Ebenen einzeln, nach den Möglichkeiten der Neuen Energie. Erde den spirituellen Körper, indem du den Kontakt zu deinen kosmischen Eltern suchst, dich an deinen Ursprung wendest. Auch wenn dir deine kosmische Herkunft nicht im Bewusstsein ist, deine Seele kennt sie sehr wohl. Rufe diese Energien und lasse sie in dich einfließen.

Den mentalen Körper erdest du, indem du zum Beispiel betest oder Mantras – am besten in der Lichtsprache – sprichst. Sehr gut geeignet sind beispielsweise die Mantras: „Ich bin So´Ham" („Ich bin göttlich"), oder: „Kodoish, Kodoish, Kodoish, Adonai Tsebayoth" („Heilig, heilig, heilig ist der Herr der Heerscharen"). Auch Mantras in Sanskrit sind sehr gut geeignet, denn Sanskrit ist eine der alten Stammsprachen und der Lichtsprache sehr nahe. Damit verstärkst du die Verbindung zum göttlichen Gedankenfeld und klinkst dich aus dem kollektiven Muster aus.

Im emotionalen Feld gleichst du für die Erdung deine männlichen und weiblichen Energien aus. Du kannst dir dazu eine liegende Acht vorstellen und deinen Fokus in Form dieser Acht kreisen lassen. Du kannst dazu auch einen Engel anrufen, der sich Ashtar Sheran nennt. Wenn du auch die zweithöchste planetare Gesetzmäßigkeit – die höchste ist die Achtung des freien Willens – beachtest, nämlich den Ausgleich von Geben und Nehmen, dann geht im Leben vieles leichter. Geben und Nehmen stehen für männliche und weibliche Energie. Ganz gleich ob Frau oder Mann, du trägst beides in dir. Wenn eine Disbalance zwischen Geben und Nehmen besteht, dann tust du dich schwer, dich ausgeglichen zu fühlen. Vielleicht möchtest du einmal darüber nachsinnen, was es für dich bedeuten könnte, auf allen Ebenen nach Ausgleich zu streben.

Für deinen physischen Körper bewirken folgende Dinge Erdung: Bewegung, Natur, Sport, Essen, Genuss und so weiter. Ich habe das weiter unten noch einmal ausführlicher beschrieben. Energetisch kannst du folgende Übung machen: Rufe den Sonnengott Re und erschaffe dir mit deiner Vorstellungskraft Erdungsschuhe. Bitte den Sonnengott, sie mit erdender Energie aufzuladen. Rufe dir diese Erdungsstiefel immer wieder in Erinnerung und fühle, wie sie dich am Boden halten. Nur, wer mit beiden Beinen auf dem Boden steht, kann über sich hinauswachsen!

Doch jede Erdungsübung bringt letztendlich nur eine temporäre Stabilisierung, wenn die Lebenseinstellung keine lebensbejahende ist. Deshalb ist das Bewusstsein, dass dein Leben auf Erden etwas Einzigartiges ist – und jeder Engel im Universum sofort mit dir tauschen würde –, und die Freude am Leben und an deinem Dasein das Wichtigste. Wer sein Leben liebt und genießen kann, ist am besten geerdet. Auch wenn es oft nicht einfach ist, ist das Grundgefühl, gerne auf Erden zu sein, Erdung pur. Ausserdem kannst du für Erdung auf allen Ebenen die Eliseenergie nutzen. Das ist eine ganz entscheidende Eigenschaft von

Elise. Ich versuche die Bedeutsamkeit der Erdung von verschiedenen Seiten zu beleuchten, weil es ein großes und wichtiges Thema ist.

Die Bedeutung der Erdung wird oftmals unterschätzt. Dabei ist sie die Basis und Voraussetzung für eine gesunde Entwicklung. Man kann noch so viel spirituelles Gedankengut wälzen und große Wahrheiten zitieren, doch Ziel soll es wohl sein, das Ganze irgendwann auch leben zu können. Vielleicht geht das nicht auf Anhieb, aber auf einer guten Erdung kannst du stabil aufbauen. Wenn dein Energiesystem mangelhaft geerdet ist, bringst du trotz aller Visionen nichts zu Wege. Du kannst es nicht umsetzen, bringst es nicht in die Manifestation.

Warum haben wir uns immer nur einen bestimmten Vorrat an Eliseenergie mitgebracht beziehungsweise warum konnten wir diese Energie nicht wieder auffüllen? Das ist eine gute Frage und es gibt darauf mehrere Antworten. Zu lemurischen und atlantischen Zeiten und teilweise auch in den Zeiten von Lentos haben wir so viel Elise in die Inkarnation mitgenommen wie möglich. Diese Zeiten waren unglaublich intensiv und kosteten viel Lebenskraft. In diesen Zeiten nutzten viele der vollständig wachen Lichtarbeiter die Möglichkeit der Erneuerung. In den Hallen von Amenti war es möglich, den Seelenaspekt und sogar den körperlichen Aspekt zu heilen, zu verjüngen, vollständig zu regenerieren und das Zellprogramm zu erneuern. Bei diesem sehr aufwändigen Vorgang wurde auch die Eliseenergie wieder zugeführt. So blieben viele der Avatare teilweise Tausende von Jahren im selben Körper. Das hatte verschiedene Vorteile, doch diese zu erläutern, würde hier zu weit führen.

Ab deinen Inkarnationen in der avalonischen Energie hast du dich absichtlich – um dich noch tiefer als Mensch zu erfahren – sehr in deinen Fähigkeiten eingeschränkt und deine Möglichkeiten begrenzt. Du hast auch deine Lebensenergie und damit die Inkarnationsdauer kurz gehalten, um möglichst oft durch den Sterbeprozess zu gehen, um beim erneuten Kommen noch mehr Begrenzungen in die Inkarnation mitbringen zu können. Nicht nur, dass du die Erinnerung blockiert hast, du hast dir sehr viele kristalline Strukturen eingesetzt, die dir den Zugang zu deinen göttlichen Fähigkeiten verwehrt oder zumindest sehr schwer gemacht haben. Dahinter stand die Absicht, wie schon beschrieben, dass du dich auf das Fühlen und das Vertrauen vorbereiten wolltest – das ist in deiner jetzigen Inkarnation das Wichtigste überhaupt! Darin liegt der Schlüssel, der dir in der Jetzt-Zeit alle Türen öffnen wird.

Also hattest du seit Avalon wenig bis gar keinen Zugriff auf deine hochschwingenden Aspekte. Auch zu deinem Ursprungsaspekt, der dich mit deinen kosmischen Eltern verbindet, hattest du seither kaum Zugang. Gerade über diesen fließt aber die Eliseenergie in den Seelenaspekt ein. Alleine dadurch, dass du hiervon hörst, dass du kosmische Eltern hast, die dir einen Namen gegeben haben, der in seiner Schwingung alles, was du bist, zum Ausdruck bringt, wird dieser Aspekt beginnen, sich wieder zu aktivieren. Das bedeutet natürlich auch, dass mit der Aktivierung des Ursprungsaspektes der Weg frei wird, wieder Zugang zur Eliseenergie zu haben. Und das macht auch unbedingt Sinn, denn wir wollen in dieser Abschlussinkarnation unseren Körper nicht wieder so schnell verlassen, sondern ihn in die Neue Zeit mitnehmen!

Der Körper hat, wenn er intakt und gepflegt ist, so viele wunderschöne Möglichkeiten für uns bereit, wenn er nicht schmerzt oder krank ist oder unerklärliche Symptome trägt. Diese unerklärlichen Befindlichkeiten, die heute da sind und morgen wieder nicht, oder aber auch chronisch sein können, obwohl keine nachweisliche Erkrankung vorliegt, sind oftmals Lichtkörpersymptome. Vereinfacht ausgedrückt, ist es eine mangelnde Erdung, die bewirkt, dass der sich immer weiter ausdehnende Lichtkörper verstärkt den Seelenaspekt an sich zieht – ähnlich wie beim Sterben. Das zerrt am Körper und kann verschiedenste Symptome auslösen. Es zerrt aber auch am Seelenaspekt und auch dort kannst du Lichtkörpersymptome spüren, wie zum Beispiel starke Müdigkeit, Verwirrtheit und das Gefühl, neben sich zu stehen. Es kann auch unerklärliche Stimmungsschwankungen, Gereiztheit, Antriebslosigkeit, Wut und Aggression auslösen. Wenn die mangelnde Erdung nicht behoben wird, kann es sich auch anfühlen wie eine Depression und

Lustlosigkeit, um nur Beispiele zu nennen. Wichtig ist hier zu wissen, dass es sich dabei meist nicht um Krankheiten handelt.

Es ist ohnehin langsam an der Zeit, den ehemals unerschütterlichen Glauben an Krankheit und Tod als natürliche Gegebenheit loszulassen. Es ist im höchsten Maße unnatürlich – auch wenn es während einiger Inkarnationszyklen notwendig war –, eine zeitliche Begrenzung der Inkarnationen festzusetzen. Während du in der früheren Energie weniger auf deine Erdung geachtet hast, weil du ja immer bereit warst den Sterbe-und Wiedergeburtsprozess zu durchlaufen, sieht es nun ganz anders aus. Du kannst in deinem Körper bleiben, wenn du möchtest. Ich kann dir mit Sicherheit sagen, dass wenn du das Leben liebst und ehrst, du das unbedingt wollen wirst. Es wird eine sehr schöne Zeit auf Sol'A'Vana kommen.

Der große Wandel, der seit 2007 in vollem Gange ist und bald seinen Höhepunkt finden wird (oder vielleicht beim Erscheinen dieses Buches schon vollzogen ist), beinhaltet, dass der Planet mit all seinen Bewohnern eine gewisse Schwelle der Energie passieren wird, die sog. Nulllinie. Dann beginnt die 3. Zeit, die Übergangsphase. Ab da werden die Dimensionstore von Lemurien weit geöffnet sein und die reine Energie der Wirklichkeit breitet sich über den Planeten aus und wird nach und nach die restliche Luziferenergie transformieren. In dem Zuge beginnt der Prozess, in dem Yoah'Toh wieder in die göttliche Merkaba eingebunden wird. Die Dualität beginnt ab da für jeden spürbar in sich zusammen zu brechen, denn jede Struktur, die der Illusion entspringt, wird nicht bestehen bleiben können. Das lässt sich ja längst allerorts beobachten. Es hat begonnen. Die alten Strukturen der Macht, des sozialen Gefüges, der gesellschaftlichen Normen bröckeln.

Wie sich der Höhepunkt dieser Transformation im Einzelnen darstellt, wird sich zeigen. Klar ist aber, dass von da an die Uhren auf Null gestellt werden und eine neue Zeitrechnung beginnt. Die Illusion in den Köpfen der Menschen wird nach und nach abfallen. Die mentalen Gefängnistüren öffnen sich. Die innere Sonne wird erstrahlen. Alles, was vorher grau war, wird in strahlenden Farben leuchten. Obwohl es für die meisten Menschen erst einmal anstrengend und verwirrend sein wird, aus ihrem Traum aufzuwachen, werden sie nicht daran zerbrechen, denn die Energien der Dualität machen nur einen kleinen Teil in uns aus. 99 Prozent von dir sind und waren schon immer Licht und Liebe. Schon erstaunlich, wie man einem so kleinen Teil von nur einem Prozent so lange Zeit so viel Aufmerksamkeit schenken konnte, findest du nicht?

Es wäre nur eine weitere Illusion zu glauben, dass nachdem die alten Strukturen aufgelöst wurden, sofort das Paradies erstrahlt und alles gleich so aussieht wie das Auenland, wo die Hobbits leben. Das Neue will erbaut werden. Die Menschheit wird gefragt werden, welche Richtung ihre weitere Entwicklung nehmen soll. Jeder wird eine Stimme haben und wir werden erleben, dass eine gute und friedliche Einigung auf diese Weise erzielt werden wird, die dann vom Planetaren Rat so an den Kosmischen Rat übergeben werden wird. Bisher ist nichts vorausbestimmt. Alle Wege stehen uns offen, wie wir uns als ein Volk vor der galaktischen Föderation präsentieren wollen.

Um die Eliseenergie hier wieder ins Spiel zu bringen, möchte ich dir eine weitere Wirkweise von Elise beschreiben. Es war schon öfter die Rede vom Seelen- und Körperaspekt und was sie für unser Hiersein und Überleben in der Dualität bedeuten. Ebenso, dass von beiden die Eliseenergie dafür unbedingt benötigt wird. Wer also mit dem Körper in die Neue Zeit gehen und Hunderte von Jahren in seinem Körper bleiben möchte, wird seine DNS decodieren müssen, um sein gesamtes, kosmisches Erbgut zu aktivieren und ebenso das Zellprogramm neu schreiben.

Die DNS ist gekoppelt mit dem Lichtkörper. Das heißt, dass jede aufgehobene Einschränkung im Lichtkörper sich automatisch auch auf die DNS auswirkt. Das Zellprogramm sind Energiemuster, die im Zellwasser gespeichert sind. Sie sind mit deinem mentalen Feld gekoppelt. Das wiederum bedeutet, dass jeder Gedanke, dem du Gültigkeit verleihst, an den du glaubst, in dein Zellprogramm aufgenommen wird. Wenn nun die Metaebene, die

DNS, schon die göttliche Ordnung widerspiegelt, heißt das noch nicht, dass deine Zellen die neue Order sofort übernehmen.

Wenn alle zwölf Stränge, also deine komplette DNS aktiv ist, dann sind die zehn Stränge, die jetzt für das Auge noch unsichtbar sind, sehr feinstofflicher Natur. Der Körper, damit auch deine Zellen, sind wesentlich grobstofflicher, deswegen erstens relativ träge und außerdem Anweisungen dieser feinstofflichen Art gegenüber nicht sonderlich empfänglich – vor allem dann, wenn sich dort noch das alte Zellprogramm befindet und gegensätzliche Anweisungen gibt. Das alte Programm ist geprägt vom Glauben und der Erfahrung des Alterungsprozesses, von Krankheit und Tod. Dadurch produziert der Körper drei – sicher ist sicher! – auf unterschiedlicher Ebene wirksame Todeshormone, die dafür sorgen, dass das eintritt, woran der Einzelne und das kollektive Bewusstsein glauben.

Der niedere mentale Geist, dein Verstand, nimmt diese Informationen tagtäglich wieder in sich auf und leitet sie ungeprüft an deine Zellen weiter. Über die Medien werden diese Themen noch präsenter und eindringlicher durch entsprechende Bilder präsentiert. Das erzeugt beinahe unumstößliche Glaubenssätze, Dogmen. Alle glauben daran. Du glaubst daran? Warum sollten deine Zellen, dein Körper, das dann nicht glauben? Die Zellen machen das, was du ihnen vorgibst. Ganz egal, ob es nun konstruktiv oder destruktiv ist, die Zellen setzen es um. Jeder weitere, lieblose Gedanke deinem Körper gegenüber – weil du deiner Meinung nach vielleicht nicht dem aktuellen Schönheitsideal entsprichst –, jedes Gefühl, sich hässlich und unvollkommen zu finden, jedes Unverständnis für die instinktiven Bedürfnisse deines Körpers wirkt ebenso destruktiv auf die Zellen. Mangelnde liebevolle Zuwendung bewirkt auf Dauer, dass Zellen sich, entsprechend der krankhaften Gedankenmuster, krankhaft verändern.

Der Körper – der ja, wenn die Oberflächenenergien im Seelenaspekt zu viel werden, diese übernehmen muss –, hat eigentlich wunderbare Funktionsweisen, um damit fertig zu werden. Das Immunsystem wirkt nicht nur auf der körperlichen Ebene, indem es Fremdkörper bekämpft, sondern es werden, um problematische Energien zu transformieren und auszuscheiden, auch die vier Elemente Feuer, Wasser, Luft und Erde herangezogen. Es wird mit Fieber Feuer erzeugt, zum Beispiel über Blähungen, Husten und den Atem das Element Luft eingesetzt, um Energien auszuleiten, sowie die Ausscheidungen über die Elemente Wasser und Erde genutzt. Fieber kann auch Schüttelfrost auslösen, der auch einen Sinn hat. Durch dieses Schütteln werden nicht dienliche Energien ausvibriert. Um diesen Notprogrammen vorzubeugen, helfen der Aura und dem Körper aber auch Aufenthalte in der Natur, Bewegung, Sport, Schlaf, Freude und Lust am Leben – all die Dinge, die Kinder üblicherweise intuitiv machen. Ganz ähnlich verfährt auch Lady Shyenna über den Planetenkörper Sol'A'Vana, ebenso mit Hilfe der Elemente: Großbrände, Überschwemmungen, Stürme, Erdbeben. Das geschieht, um Energieverkrustungen aufzubrechen, alte Muster zu lockern, zu transformieren und zu reinigen.

Man kann aber nicht einfach sagen, dass diese Reinigungen zwar für den Planeten gut sind, dafür aber für viele Menschen schlecht. Diese Ansicht entspringt dem getrennten Bewusstsein. Lady Shyenna und die Menschheit sind eins. Jede Transformation, die du durchläufst, kommt auch jedem Menschen und Lady Shyenna zugute. Wenn Lady Shyenna transformiert und reinigt, dann tut sie das auch für die Menschen. Das wirkt sich auch reinigend auf das kollektive Bewusstsein aus, ist damit positiv für jeden einzelnen Menschen. Jene Menschen, die von den Transformationen direkt betroffen sind, verdienen höchste Achtung und tiefstes Mitgefühl sowie jede weitere mögliche Unterstützung – denn all das geht uns alle an!

Wir können übrigens auch durch die oben genannten Aktivitäten und Geisteshaltungen sowie Lebensfreude und einer positiven Haltung die notwendigen Transformationen auf Erden verringern. Alles, was uns an der Natur bedrohlich und negativ erscheint, hat durchaus auch eine andere Seite. Bitte habe Verständnis für Lady Shyenna: Sie tut all das aus Liebe und weil es sein muss. Sie will keinem Menschen damit schaden und sie tut es sicher nicht, um sich zu rächen oder ähnliches.

Jetzt ist wieder eines zum anderen gekommen und ich knüpfe noch mal am Zellprogramm an. Denke liebevolle Gedanken deinem Körper gegenüber, wertschätze ihn und gib ihm, was er braucht. Auf der körperlichen Ebene sind das Bewegung, Pflege, Berührung, Zärtlichkeit, Sexualität und Nahrungsmittel, die er verlangt – auch wenn sie nicht in dein mentales Konzept passen, das sowieso meist nur ein übernommenes ist. Höre auf seine Gelüste und werte sie nicht ab, sondern stelle ihn auf ein gesundes, mittleres Maß ein, innerhalb dessen du ihm alles gönnst. Schenke ihm des Weiteren Lob, Anerkennung, Dankbarkeit, Liebe und Geborgenheit. Wer braucht das nicht?

Spreche mit deinen Zellen, überzeuge sie von der neuen Ordnung und setze das alte Programm außer Kraft. Das kann niemand für dich tun. Das ist deine Aufgabe, die Aufgabe deiner Bewusstheit, als die Instanz, die den Zellen übergeordnet ist. Das geht nicht von heute auf morgen, nachdem du ihnen viele Jahre etwas anderes gesagt hast. Doch die Erkenntnis und der erste Schritt ist wichtig, die weiteren folgen dann schon. Gebe deinem Körper emotionale Nahrung und lasse immer mehr zu, dass du dich wohl mit ihm fühlst. Versichere ihm deine Freundschaft und eure Zusammengehörigkeit. Nimm ihn an und liebe ihn – so, wie er ist. In jeder Ebene, in jeder Angelegenheit ist es die

Liebe, die die Lösung und Heilung bringt. All das, worüber wir eben gesprochen haben, wird auch von der Eliseenergie bewirkt. Das ersetzt nicht den Bewusstwerdungsprozess, aber eben dieser wird auch von Elise gefördert.

Wohin bist du so oft zurückgekehrt, nach deinen kraftraubenden Inkarnationen? Wo hast du dich lieben und fallen lassen können – im tiefsten Urvertrauen – und hast wieder neue Lebensenergie getankt? Im Schoß deiner kosmischen Eltern, umspült von der Eliseenergie. Leider kann dein physischer Körper dort nicht hinreisen und deshalb auch nicht direkt Eliseenergie aufnehmen. Er ist darauf angewiesen, dass der Seelenaspekt Elise an ihn weiterreicht. Doch genau das passiert oft nicht in ausreichendem Maße. Desto weniger, je weniger Eliseenergie noch vorrätig ist. Die Seele hat, wie wir schon festgestellt haben, Priorität.

Zudem ist das Verhältnis von Körper- und Seelenaspekt zueinander bei vielen Menschen gestört. Am Anfang, der irdischen Geburt, ist soweit meist noch alles in Ordnung. In seltenen Fällen, zum Beispiel bei schwierigen Schwangerschaften, bei Abgängen oder plötzlichem Kindstod, kann der Grund der sein, dass die Seele, aus welchen Gründen auch immer, die mitgebrachte Eliseenergie nicht ausreichend an den Körper übertragen kann. Doch auch wenn das noch einwandfrei geklappt hat, wird in der Regel das Verhältnis im Laufe der Zeit tendenziell schlechter – eben, weil nicht die liebevolle Art der

Kommunikation stattfindet, sondern die destruktive. Stell dir einmal vor, dass dein Körper ein eigenes Bewusstsein trägt, das ähnlich funktioniert, wie das deines Inneren Kindes. Während dein Inneres Kind ein mehr intuitives Bewusstsein trägt, ist das des Körpers ein eher instinktives. Dennoch fühlt dein Körper ebenso, ob er geliebt und angenommen ist oder nicht – so, wie dein Inneres Kind das auch tut.

Da ist also ein Körperbewusstsein, das sich nicht gesehen und nicht geachtet fühlt, unwert, weil die niedrigen Bereiche des mentalen Geistes ihm das ständig so zu verstehen geben – auf der einen Seite. Auf der anderen Seite ist der Seelenaspekt, der von Anbeginn aller Inkarnationen an und möglicherweise auch bei jeder weiteren Geburt, den Körper als unwirklich und als Last empfunden hat, weil er auch ein Stück Unfreiheit bedeutet. Zumindest ist so das Empfinden des Seelenkörpers. Das alleine wäre noch nicht so wild, doch dann kommen mit der Zeit die Gedanken über den Körper hinzu: Der Körper ist nicht schön, tut weh, nervt, weil er ständig krank ist, und was noch alles.

Der Körper hingegen hat ab dem Moment im Mutterleib, als die Seele in ihn inkarniert hat, zur Seelenenergie aufgeblickt – voller Bewunderung, denn sie hat das Leben und das Licht mitgebracht. Im Laufe der Zeit ist diese Bewunderung in Enttäuschung umgeschlagen, weil das Seelenbewusstsein – das ja an der Oberfläche Gedanken denkt, die auf dem Prinzip der Trennung und des Chaos aufgebaut sind – kein oder kaum ein liebevolles Wort für den Körper übrig hat. Es ist sogar eher das Gegenteil der Fall. Die Folge ist, dass das Körperbewusstsein annimmt, dass das so stimmt, weil die Seele es ihm sagt. Wie bei einem Kind, dem du oft genug sagst, dass es nichts kann und nichts taugt – irgendwann wird es das einfach glauben.

Du kannst dir sicher vorstellen, dass es wichtig ist, diesen Graben zu überbrücken und diese beiden Aspekte in einen achtsamen Austausch miteinander zu bringen. Das kann die Eliseenergie! Dazu gibt es die Möglichkeit durch direkte Berührung an bestimmten Punkten, dem Körper Eliseenergie direkt zuzuführen. Alleine schon deswegen fühlt sich der Körper dann beachtet und erfährt Zuwendung. Das stärkt ihn in seinem Selbstwertgefühl und er beginnt aufzublühen. Er kann dann erstmals – ohne auf den Seelenaspekt angewiesen zu sein – sich mit Elise anfüllen. Bei dieser Art der Heilsitzung erhält der Seelenaspekt gleichzeitig auch Elise übertragen. Dadurch beginnen diese beiden Aspekte sich immer mehr anzunähern, bis sie irgendwann im regen Austausch miteinander stehen. Das hat weitreichende Folgen, denn dadurch wird die Bindung zwischen beiden gestärkt.

Wenn eine wirkliche Heilung erzielt werden soll, die sich auf allen Ebenen vollzieht, dann müssen der Seelen- und der Körperaspekt miteinander kommunizieren. Sie werden einander dann die heilenden Energien zuspielen, damit ein kontinuierlicher Fluss entsteht, sodass ein Krankheitsmuster, das gelöst wurde, sich nicht wieder bilden kann oder woanders hin verschoben wird. Des Weiteren treten durch die Versöhnung der beiden Aspekte weniger Lichtkörpersymptome auf, die ja dadurch entstehen, weil der Lichtkörper, wenn er sich ausdehnt, wie magnetisch versucht, den Seelenaspekt an sich zu ziehen und ihn dadurch auch vom Körper wegzieht. Das gelingt aber nur, wenn der Seelenaspekt nicht gut am körperlichen Aspekt angebunden ist. Wenn diese sich jedoch als Einheit begreifen, geschieht das Gegenteil – dann nämlich wird der Lichtkörper zu ihnen hingezogen! Und genau so soll es sein.

Wir streben ja nicht wie zu früheren Zeiten die Erleuchtung an, um dann den Körper abzustreifen und in die lichten Bereiche aufzusteigen – sondern wir wollen das Erwachen. Das ist ein anderer und energetisch viel höherer Vorgang. Es geht dabei darum, dass wir hier auf Sol'A'Vana inklusive unseres physischen Körpers, mit unserer gesamten Lichtstruktur verschmelzen und diese Energie auch halten können. Dazu ist wiederum gute Erdung wichtig.

Es kommt auch gelegentlich vor, dass sich der Seelenaspekt kurzzeitig dagegen sträubt, Eliseenergie durch eine direkte Übertragung von einem Heiler (siehe unten) in sich aufzunehmen. Das ist manchmal bei sehr alten Seelen, die schon unzählige Inkarnationen hinter sich haben, der Fall. Sie fühlen sich womöglich müde und würden auf einer bestimmten Ebene gerne ihren Körper loslassen und nach Hause zurückkehren. An all jene: „Halte bitte noch ein wenig durch! Es lohnt sich! Es ist bald vollbracht!" Aber auch bei Seelen, die zum Beispiel dem Energiefeld der Sternensaat entspringen, kann es sein, dass sie eine so starke Sehnsucht nach ihren Sternengeschwistern verspüren, dass es sie unbewusst in Richtung ihrer Herkunft zieht – ohne ihren Körper. An all jene, die sich hier auf Erden noch nie so richtig zu Hause und fremd gefühlt haben: „Du wirst hier gebraucht! Deine Sehnsucht wird gestillt werden! Achte auf deine Erdung und liebe das Leben, denn das Leben liebt dich!" Wenn dem Seelenaspekt dieser Menschen Elise angeboten wird, kann es sein, dass er im ersten Moment zögert – denn Elise bedeutet ein klares Ja zum Leben. Elise ist Leben!

Doch die Eliseenergie trägt ebenso die Attribute von Fürsorge, Schutz und Geborgenheit, und erinnert die Seele sowohl an ihr Verweilen im Schoß ihrer kosmischen Eltern als auch im Bauch der leiblichen Mutter. Dann gibt sie ihr Zögern auf und lässt es dankbar zu. Also überwindet die Eliseenergie auch solche Barrieren, ohne dass es ein Übergriff auf den freien Willen der Seele wäre. Dennoch überträgt ein Heiler die Eliseenergie immer nur mit dem persönlichen Einverständnis eines Menschen, dessen Seelenaspekt steht es dann ja frei, die Energie anzunehmen oder nicht. Eine weitere, sehr große

Qualität von Elise ist, dass sie eine absolut universelle Form der Energie ist, die jedem Lebewesen im Universum zutiefst vertraut ist. Denn jedes Licht hat bei seiner Erschaffung in dieser Energie gebadet, ist darin herangereift. Doch hier geht es ja um diejenigen Engelswesen, die als Menschen in die Dualität gegangen sind – sie haben zur Eliseenergie eine noch tiefere Verbindung, ähnlich wie ein Tiefseetaucher zu seinen Sauerstoffflaschen. Das bedeutet, dass jeder Mensch, der auf Erden wandelt, diese Energie nicht nur kennt, sondern sie als Teil seiner eigenen Energie erkennt und sie auf intuitive Art mit dem Geschenk des Lebens in Verbindung bringt. Deshalb berührt die Melodie „Für Elise" auch die Seelen der Menschen so sehr.

Es gibt viele verschiedene Heilströme, die von den Engeln oder durch Heiler zu den Menschen gebracht werden. Doch nicht jeder nimmt jede Energie gleich gut auf. Je nachdem, in welchem Feld im Universum eine Seele erschaffen wurde, sind ihr bestimmte Energien vertraut, andere eher weniger. Es ist dann wie mit einem Schlüssel, der nicht recht zum Schloss passt. Für eine unpassende Energie öffnet sich die Seele nicht gerne. Für eine andere Person hingegen kann dieselbe Energie wieder genau die richtige sein. Elise hingegen ist ein Schlüssel, der zu jedem Schloss passt.

Selbst Menschen, die sich noch nicht ihrer Spiritualität zugewandt haben oder an all diese Dinge nicht recht glauben, nehmen eine Elise-Übertragung als etwas Besonderes wahr. Tiere lieben sie ebenso. Man kann auch Lady Shyenna direkt Eliseenergie senden, sie ist genauso mit ihr verbunden. Auch sie trägt in ihrem Energiesystem die Energie des Lebens und der Erneuerung in sich. Unlängst wurde der Heilige Gral des Lebens, genannt Elises entzündet. Er ist einer der zwölf Heiligen Grale des göttlichen Erbes, die für den Aufstieg des Planeten entzündet sein müssen. Der Gral Elises befindet sich auf dem Grund des Ozeans vor der Küste Floridas. Verankert hat diese Gralsenergien Jesus Christus in seiner Inkarnation auf Erden. Mittlerweile sind bereits alle zwölf der Heiligen Grale aktiviert.

Einige Elise-Heiler setzen Elise mit großem Erfolg in der Sterbebegleitung ein. Da die Eliseenergie nicht in den freien Willen eingreift – und die Entscheidung über das Ableben eh vom Seelenkern getroffen wird, der nicht manipulierbar ist –, hat es einfach den Effekt, dass der Sterbende schon in der Vorbereitung von der Eliseenergie abgeholt und ruhig wird. Die Angst vor dem Tod legt sich und Frieden kehrt ein. Auch können Sterbende mit Elise leichter loslassen.

Ebenso werden mit Elise Geburten begleitet. Das mildert den Schock, wenn das Kind aus seiner eigenen Welt der Geborgenheit und des Schwebens in eine kalte, unbekannte Welt platzt. Wenn es dort mit der Eliseenergie empfangen wird, ist die Sache nur noch halb so schlimm. Elise ist eng mit deinem Ursprung, deiner kosmischen Geburtsstätte verbunden. Bei einer Geburt entsteht neues Leben, das durch die kosmischen Eltern zu dir fließt. Von dort bringst du dein Urvertrauen in das irdische Leben mit. Im Laufe der vielen Inkarnationen mag das Urvertrauen etwas gelitten haben, weil gewisse Erinnerungen – wenn auch oft unbewusst – inkarnationsübergreifend wirken.

Es ist auch möglich, dass dein Urvertrauen in diesem Leben als Baby und Kind nicht gerade gestärkt wurde und dass es dir deshalb nicht leicht fällt, dich hinzugeben. Ich habe so oft festgestellt, dass Menschen, die nicht loslassen und sich nicht hingeben können, es bei einer Elise-Sitzung plötzlich konnten und selbst davon ganz berührt waren. Elise hat auch unmittelbar sowohl etwas mit deinen kosmischen Eltern zu tun als auch mit deinen leiblichen Eltern, denn auch dort steht deine Wiege des Lebens.

Die Geistige Welt bezeichnet die Familie als das höchste Gut auf dem Planeten. Wenn dort in der Herkunftsfamilie alles in Ordnung ist, dann gestaltet sich das eigene Leben, die eigene Familie mit Partner und Kindern auch viel leichter. Nathaniel hat in dem Zusammenhang einmal zu mir gesagt, dass ein Kind ein Teil Vater ist, ein Teil Mutter und ein Teil es selbst.

Das leuchtet ein: Von den kosmischen Eltern haben wir von jedem gewisse Eigenschaften des Lichts übertragen bekommen, auch von den irdischen Eltern, die uns je einen Teil ihres Erbguts vermacht haben – und doch ist daraus etwas Neues entstanden. Auch aus der Erziehung nehmen wir Teile vom Vater und Teile von der Mutter in uns auf. Dennoch entwickeln wir eine eigene Persönlichkeit. Nun hat nicht jeder das Glück – oder seine Seele hat es anders gewählt –, mit zwei Elternteilen aufzuwachsen. Die Familie ist, wenn sie intakt ist, unsere größte Kraftquelle – gleichzeitig aber auch unsere verletzlichste Stelle, wenn irgendwas darin nicht der Ordnung des Lebens entspricht.

Dort, wo die meiste Liebe ist, können auch die größten Verletzungen geschehen. Wir sind mit unseren leiblichen Eltern über ein Liebesband verbunden, das untrennbar ist. Das hat mit der Blutsbande zu tun. Viele, die ihren Eltern schwere Vorwürfe machen, versuchen aus Schmerz und Wut diese Liebesbande aufzukündigen. Doch das macht alles nur noch schlimmer. Da ich deine persönliche Geschichte nicht kenne, kann ich nur sagen, dass wenn du zu den Kindern gehörst, die seelisch und - oder auch - körperlich Leid und Ungerechtigkeit erfahren haben, es eine Lösung gibt. Und wie du dir sicher denken kannst, liegt sie in der Liebe.

Nur ist es leichter gesagt als getan, einfach plötzlich die Enttäuschung, die Wut umzupolen in Liebe. Vielleicht ist es dir möglich, dich auf diese Art anzunähern: Wenn du dir vor Augen führst, dass deine Eltern deine Wahl waren, du sie dir vor deiner Inkarnation ausgesucht hast – und so ist es tatsächlich –, dann ist das schon einmal eine

Veränderung der Perspektive. Das ändert jedoch nichts daran, dass deine Eltern für ihre Handlungen die volle Verantwortung zu tragen haben.

Das auch auf kosmischer Ebene gültige Gesetz der Resonanz – uns von dem Sprichwort bekannt: „Was du säst, wirst du ernten", oder auch bekannt als das Gesetz des Karmas – besagt, dass das größte Karma deines Lebens deine irdischen Eltern sind. Karma kann positiv oder negativ sein. Wenn ein Kind nun seinen Eltern schwere Vorwürfe macht oder sich auf die Art über sie erhebt, dass es auf keinen Fall so werden will wie einer oder beide Elternteile, dann wird dieses Karma so wirken, dass das Kind im Laufe der Zeit seinen Eltern immer ähnlicher wird. Denn unabhängig davon, ob das erwachsene Kind diese Gesetzmäßigkeit kennt oder nicht, wirkt sie dennoch. Unter dem Strich bleibt:

Du hast sie gewählt. Sie haben sich dir zur Verfügung gestellt, sodass du inkarnieren konntest. Sie haben dir das Höchste, was es hier gibt, geschenkt: die Möglichkeit in einem Körper zu leben. Auch wenn du keine Erinnerung daran hast, dass du diese Wahl getroffen hast – du hast sie getroffen! Erhebst du dich über sie, glaubst besser zu sein wie sie, möchtest niemals so werden wie sie?

Ich, das Karma, werde dich genau dorthinführen, um dir deinen Irrtum aufzuzeigen, um dich zur Besinnung zu bringen. Dorthin, damit du erkennst, dass du dafür die Verantwortung trägst, sodass du dir selber für deine Wahl vergeben kannst. Bevor du nicht dir selbst vergeben konntest, versuche nicht deinen Eltern zu vergeben. Das wäre anmaßend, damit würdest du dich wieder über sie stellen. Egal, was vorgefallen ist: Sie sind die Großen, du das Kind.

Das Leben fließt von den Eltern zu den Kindern. Du trägst sie beide in dir. Wenn du beide oder einen von beiden aus deinem Leben und aus deinem Herzen ausgrenzt, grenzt du diese Teile in dir aus – und es wird immer etwas fehlen. Du wirst dich leer und kraftlos fühlen, nie in Frieden sein und dich nicht selber finden können, um ganz du selbst zu werden. Dazu brauchst du die Energien deiner Herkunft, deiner Eltern, deiner Ahnenreihe in deinem Rücken. Versuche deine Eltern zu ehren und zu achten – für das, was sie sind: deine Eltern. Versuche ihnen gegenüber Dankbarkeit zu empfinden – für das Geschenk des Lebens. Eine kraftvolle Geste wäre eine innere Verneigung vor ihnen. Danach wende dich um, sodass sie in deinem Rücken stehen, und nimm die Kraft, die von deiner ganzen Ahnenreihe zu dir fließt – sie ist dein Erbe. Mache etwas daraus. Wenn dir das – ehrlich gefühlt – gelingt, irgendwann, dann bist du frei. Es ist die Liebe, die löst. Alles andere bindet.

Elise kann dir auch dabei sehr hilfreich sein, dass du zu dieser Liebe findest, denn Elise ist die Liebe zum Leben. Elise ist der Fluss des Lebens. Entscheide dich, die Liebe zu leben und das Leben zu lieben.

Ich glaube du beginnst zu ahnen, dass die Eliseenergie eine Besonderheit darstellt, weil sie sich auf die Grundlagen des Lebens sehr positiv auswirkt und dadurch auch die Wirkung anderer, dienlicher Energien verstärkt und unterstützt. Heilsitzungen mit der Eliseenergie können sowohl für sich stehend angewendet werden als auch mit jeder anderen Heilmethode kombiniert werden.

Wie kommt Elise zu dir? Es gibt verschiedene Wege. Grundsätzlich besitzt jeder Mensch einen Elise-Kanal, der im Ursprungsaspekt eingebettet ist. Solange der Ursprungsaspekt nicht aktiv ist, ist der Kanal jedoch nicht zugänglich. Also wäre es gut, diesen Aspekt zu aktivieren, indem du dich deiner Herkunft zuwendest und Kontakt zu deinen kosmischen Eltern aufnimmst. Die tiefe Absicht dazu wird das bewirken. Das geschieht nicht sofort zur Gänze, sondern ist ein energetischer Vorgang, der je nach deiner Hingabe, deinem Vertrauen und deiner liebevollen Absicht sich schneller oder langsamer vollzieht. Auf diese Art, oder auf eine weniger bewusste Weise, wird jeder Mensch im Laufe der Entwicklung seines Lichtkörpers und seines Bewusstseins früher oder später wieder vollständigen Zugang zur Elise-Frequenz im Universum erhalten, sodass sich sein Energiesystem selbstständig damit versorgen kann. Das ist ein eher langsamer Prozess, den du wahrscheinlich gar nicht unmittelbar spürst, aber nach einer gewissen Zeit wirst du die Veränderungen dann erkennen.

Eine weitere Möglichkeit ist, sich von einem Elise-Kanal/-Heiler die Eliseenergie direkt in

Heilsitzungen zuführen zu lassen. Der Elise-Heiler ist darin geschult und hat von Nathaniel einen Elise-Kanal geöffnet bekommen, der aber nicht im Ursprungsaspekt angelegt ist, sondern im Fähigkeitenaspekt. Die Energie nimmt so einen anderen Weg, denn dieser Kanal ist in erster Linie dafür da, um dienend für andere zu wirken. Die Eliseenergie fließt dann eben aus dem großen Feld der Elise-Engel im Universum, zur Elise-Heiler(in) und nicht wie beim persönlichen Kanal über den Ursprungsaspekt, von der Geburtsstätte deiner Seele. Dennoch ist es dieselbe Energie. Zusätzlich hat ein Elise-Heiler natürlich auch noch den Kanal in seinem Ursprungsaspekt, der, wie bei jedem anderen auch, dafür da ist, um seinem eigenen System Elise zuzuführen. Zudem kann sich ein Elise-Heiler auch selbst behandeln – über den Kanal, der ihm von Nathaniel geöffnet wurde. Das ist auch wichtig, denn wenn man sich mit Elise aufgefüllt hat, dann hat sich währenddessen auch der Ursprungsaspekt und der persönliche Kanal in einem so weit aktiviert, dass das Vier-Körpersystem die Aufnahme von Elise selbstständig reguliert.

Als weitere Möglichkeit kannst du auch die Elise-Engel rufen, um über dich Eliseenergie auszuschütten. Wenn du es gewohnt bist, Energien zu fühlen, wirst du es deutlich wahrnehmen. Doch ist es anders, als wenn dich ein Elise-Heiler bei der Übertragung körperlich berührt. Das rührt daher, weil die Engel deinen physischen Körper nicht tatsächlich berühren können. Das geht schon deshalb nicht, weil sie ihn nicht als wirklich anerkennen, sonst würden sie ja der Illusion Wirklichkeit verleihen – das ist nicht möglich. Dennoch fühlen wir uns hie und da von einer unsichtbaren Hand berührt. Das können sie schon bewirken, doch es ist eine energetische Berührung, keine Berührung zwischen zwei Körpern.

Sie wissen zwar um unseren Körper, können aber nicht direkt in ihn hineinsehen, weil sie die Dualität nicht erfassen können. Ähnlich wie wir die Wirklichkeit, wie sie letztendlich wirklich ist, (noch) nicht begreifen. Um sie ansatzweise zu erfassen, bedienen wir uns verständlicher Bilder und Hilfsvorstellungen. Die Geistige Welt kann in deinen Seelenaspekt gucken, in den Lichtkörper sowieso, und aus den darin ersichtlichen Energieverläufen auf den physischen Aspekt schließen.

Sie können auch nicht, wie viele glauben, unsere Gedanken lesen. Diejenigen Gedanken, die der Wirklichkeit entsprechen, schon, doch davon finden sie in aller Regel nicht so viele vor. Vielleicht ganz gut, wenn sie Gebete wie: „Heiliger Florian, du kreuzbraver Mann, verschon' mein Haus und zünd' ein anderes an", und Ähnliches nicht aufnehmen können – sonst wären sie vielleicht etwas irritiert. Was sie wiederum erkennen, sind deine Absichten, die du in dir trägst. Diese zu lesen, sind sie Meister. Daran können sie alles ablesen, was wirklich wichtig ist, um ganz klar zu erkennen, wo du stehst, was du brauchst, ob du ihnen die Erlaubnis erteilst, an deinem Lichtkörper zu arbeiten und so weiter.

Viele Angelegenheiten, die für uns als Menschen wichtig erscheinen, haben keine oder eine untergeordnete Bedeutung, weil sie dem Oberflächenverstand entspringen. Wenn es jedoch Anliegen sind, die aus deinem Herzen kommen, was anzeigt, dass die Zeit für Antworten reif ist, werden sie gerne beantwortet.

Diese Ausführungen habe ich hier angefügt, damit du ein Gefühl dafür bekommst, wie die geistigen Wesen wirken, was sie tun können und dürfen, und was nicht. Wenn sie etwas nicht tun dürfen, dann ist es, in deinen freien Willen einzugreifen, oder in sehr persönliche Angelegenheiten deiner Seele, die du selbst zu bereinigen in der Lage bist. Sie können nicht hergehen und für dich Entscheidungen treffen. Sie können dich in allem unterstützen, es aber nicht für dich tun. Sie unterstützen dich, indem sie dir Energien senden, indem sie immer bei dir sind, an deiner Seite und dich unermesslich lieben. Sie wollen dich in die Kraft und Selbstverantwortung führen, sodass du dein Leben meistern kannst, und deinen Weg und deine Aufgabe findest. An deinem Lichtkörper dürfen sie arbeiten, weil dieser ganz in den Wirklichkeitsenergien schwingt. Doch die Aspekte von dir, die sich in der Dualität bewegen, sind dein eigener Aufgabenbereich. Deswegen werden sie zum Beispiel die Eliseenergie, wenn du sie darum bittest, auch nur indirekt zu dir bringen.

Sie tragen die Energien in deinen Lichtkörper. Dort werden sie gespeichert und nur wenn der Seelenaspekt sie anfordert, kann sie einfließen. Auch wenn du willentlich der Energie die Erlaubnis gibst einzufließen, ändert das nichts daran, dass diese Entscheidung dem Seelenaspekt obliegt. Für den körperlichen Aspekt kann dieser Weg, den die Energie so nimmt, bedeuten, dass bei ihm fast gar nichts mehr ankommt. Damit fällt auch der würdigende und erbauliche Effekt auf den physischen Körper weg, denn dabei steht er wieder an letzten Stelle.

Vielleicht brennt dir die Frage auf der Seele, was dann mit dem körperlichen Aspekt zukünftig geschehen soll, wenn er doch als Illusion angesehen und nicht als Wirklichkeit anerkannt wird? Das ist eine wichtige Frage. Der körperliche Aspekt ist prinzipiell ein Teil deiner Merkaba, denn er war ursprünglich dein Lichtaspekt, als du noch als pures Lichtwesen im Universum warst. Du bist dann in die Dualität gegangen, am Anbeginn der Zeit in die Energie von Lemurien. Dort hat sich dein Lichtaspekt über Millionen von Jahren der Dichte der Energie angepasst und ist schließlich fest geworden. Dein Körper ist also in Wirklichkeit dein Lichtaspekt.

Im körperlichen Zustand ist dein Lichtaspekt nicht für die Bereiche der Wirklichkeit tauglich, weil er zu niedrig schwingt. Es ist deine Aufgabe, die deines Bewusstseins und die der Liebe deines Herzens, den Spagat zwischen Wirklichkeit und Illusion zu meistern und eine Brücke zu bauen, damit du im Laufe der Zeit deinen Körper wieder zum Lichtaspekt wandeln kannst. Wenn das bis zu einem bestimmten Lichtanteil vollbracht ist, wird dein Körper wieder in den Status der Wirklichkeit erhoben und als Lichtaspekt erkannt. Das wird einige Zeit – welche eh immer weniger eine Rolle spielen wird – benötigen. Dann wirst du aus heutiger Sicht wieder ein feinstoffliches Lichtwesen sein – nicht ganz so feinstofflich wie du erschaffen wurdest, aber du wirst ja auch als göttlicher Mensch auf deinem Heimatplaneten Sol'A'Vana leben.

Wenn diese Jahre der Angleichung vorüber sind und jeder Mensch diesen Vorgang abgeschlossen hat, wird es noch einmal einen Aufstieg in die nächsthöhere Dimension geben. Das kann allerdings auch erst dann geschehen, wenn alle 387 weiteren Planeten aus dem ehemaligen Feld Lemuria bereit dazu sind. Bei diesem Aufstieg werden diese Planeten wieder zu einem großen Energiefeld verbunden, behalten aber ihre Individualität. Dieses Feld wird dann ebenso als SOL'A'VANA bezeichnet werden, als das neue Lemuria.

Lass uns wieder im Jetzt ankommen, denn dort entscheidet sich alles. Welche Möglichkeiten gibt es, um damit zu beginnen, den physischen Aspekt wieder in den Lichtaspekt zu wandeln? Zunächst einmal ist es notwendig, deine DNS, die du in Avalon von zwölf Strängen, sprich von sechs Doppelhelixe auf eine Doppelhelix reduziert hast, wieder zu aktivieren und nutzbar zu machen. Entweder machst du das gezielt und ganz bewusst oder lässt es einfach geschehen, lässt dich von der kollektiven Lichtkörperentwicklung mittragen. Da will ich dir nichts raten, das musst du selber spüren, ob du als ein Pionier vorausgehen oder nachfolgen willst, doch der bewusste Weg ist immer der schönere. Das Nächste wäre das Verhaltensmuster deiner Zellen umzuschreiben – das habe ich recht ausführlich dargelegt –, die Eigenliebe zu pflegen und dich ohne Ausnahmen so anzunehmen, wie du bist. Dazu gehört natürlich auch dein physischer Körper.

Beachte bitte, dass in älteren Büchern oder bei alt überlieferten esoterisch-spirituellen oder religiösen Schriften und Übungen oft die Meinung vertreten wird, dass der Körper von allem gereinigt werden muss, was nicht dem höchsten Ideal und dem reinsten Licht entspricht. Das bedeutet, alle Instinkte zu ignorieren, Lustverzicht, nur leichte Nahrung, keine Genussmittel, stundenlanges Meditieren und so weiter. Diese Anleitungen wurden in einer anderen Zeitqualität gegeben und da hatten sie ihre Gültigkeit. Diese Anleitungen zielten nicht darauf ab, den Körper zu erhalten, sondern ihn – wenn es so weit käme und die Erleuchtung einen heimsuchen sollte – möglichst leicht ablegen zu können, weil von ihm dann keinerlei Anhaftung mehr zu erwarten war.

Der Lichtkörperstatus der Erleuchtung entspricht einer Lichtkörperausdehnung von ungefähr 70 Prozent Licht, der des erwachten Zustandes liegt bei 88 Prozent Lichtausdehnung. Dazwischen liegen Welten. In den Neuen Energien geht es um das Erwachen, deshalb sind diese alten Anleitungen dafür nicht hilfreich, eher hinderlich. Der Weg des Erwachens in dieser Zeit ist ein schönerer Weg als das Ringen um Erleuchtung früher – das war hart und deshalb nur für einige wenige machbar. Erwachen ist heutzutage für jeden Menschen erreichbar – sogar vorgesehen. Es geht dabei auch nicht um Verzicht, sondern um Freude, Spaß, Leichtigkeit, Genuss, um Fülle in allen Bereichen. Sich etwas zu gönnen und sich kein schlechtes Gewissen zu machen, hat etwas mit Liebe zu tun. Nachsichtig zu sein und mitfühlend mit dir, wenn nicht alles gleich so läuft wie erwartet, hat mit Liebe zu tun. Freiheit zu leben und Freiheit zu geben, hat etwas mit Liebe zu tun.

Um deinen Körper in eine höhere Schwingung zu bringen, ist das Wichtigste zuallererst die Erdung. Wenn die Erdung nicht passt, dann kannst du auch keine höheren Energien aufnehmen und halten. Auch das Atmen von Prana und die Aufnahme von Licht als Nahrung hat eine Bedeutung. Es hilft den Zellen bei der Umstellung. Da kannst du ebenfalls bewusst den dreitägigen Lichtnahrungsprozess durchlaufen oder es im Zuge des Aufstieges einfach geschehen lassen, wie es geschieht.

Du brauchst nicht auf Genussmittel zu verzichten, kannst normal essen und auch Alkohol trinken und rauchen. Alles, was dir persönlich einen Genuss bringt, ist erlaubt und bewirkt Erdung. Lasse dich dabei nicht von kollektiven Meinungen darüber, was richtig und falsch, gesund und nicht gesund ist, begrenzen. Höre auf deinen Körper und mache das mit Augenmaß und einer Portion Bauchgefühl.

Ebenso erlösend ist es, das eventuell gespannte Verhältnis von Seele und Körper zu einer Liebesgeschichte umzuschreiben, sodass du irgendwann mit jeder deiner Fasern fühlen kannst, dass du und dein Körper eine Einheit bilden. Hier würde ich dir empfehlen, mache das bewusst, indem du mit deinem Körper in den Worten der Liebe sprichst. Die Heilung die dadurch geschieht, wird Heilungen auf allen anderen Ebenen nach sich ziehen. Wie gesagt: Du kannst dazu unterstützend auch die Eliseenergie anwenden.

Bei einer Heilsitzung mit Elise werden gleichzeitig auch Mila-Impulswellen übertragen. Diese Impulse senden nicht die Elise-Engel, sondern Nathaniel selbst. Sie werden vom Heiler unmittelbar auf bestimmte Punkte des neuen Meridiansystems, geleitet und aktivieren dieses. Es werden einige Veränderungen im Körper stattfinden, sodass er nach und nach immer besser mit den Energien der Wirklichkeit umgehen kann – auf seinem Weg zum Lichtaspekt. Dazu wird das alte, das atonale Meridiansystem im Körper, auf dem heute Therapeuten ihre Akkupunkturnadeln setzen, abgelöst vom Meridiansystem der Neuen Zeit, dem axiatonalen. Dabei ändern die Meridiane ihre Lage und auch ihre Bedeutung, weil sich die Energieschwingungen verändern.

So, wie es diese Veränderung längst beim Chakrasystem gegeben hat, wo über eine längere Zeitspanne das alte System von dem der Neuzeit abgelöst wurde. Auch da haben sich die Form, die Energien und somit die Farbschwingungen der einzelnen Chakren verändert.

Mittlerweile hat fast jeder Mensch diese Entwicklung als Teil des Lichtkörperprozesses durchlaufen. Hellsichtigen Heilern dürfte das nicht verborgen geblieben sein. Auch in diesem Punkt müssten viele Bücher neu geschrieben werden. Bei den meisten spirituell aktiven Menschen dürfte sich das neue Meridiansystem bereits im Aufbau befinden. Bis es ganz ausgebildet ist, um vollkommen seine Aufgabe zu übernehmen, wird das alte System Bestand haben und seine Gültigkeit behalten. Erst dann wird es deaktiviert. Diesen Vorgang kann die Mila-Technik, die aus synergetischen Gründen mit der Elise-Übertragung gekoppelt ist, beschleunigen und unterstützen. Grundsätzlich wird das aber nicht von heute auf morgen geschehen, weil alle Veränderungen im Körper ihre Zeit brauchen.

Du bist frei, all das zu tun, oder auch gar nichts davon – oder nur einen Teil. Wie du es auch tust, versuche dabei auf dein Herz zu hören – oder auch nicht, auch das ist deine Freiheit.

Nachwort

Obwohl ich viel mit den Engeln spreche und als Medium tätig bin, habe ich in diesem Buch kein Channeling von einem geistigen Wesen eingestellt. Ich habe mich einfach tief mit meinem göttlichen Licht verbunden und aus meinem inneren Wissen diejenigen Dinge aufgeschrieben, die dem entsprungen sind. Deshalb ist das Büchlein auch nicht besonders thematisch durchstrukturiert. Ich hoffe, dass du damit umgehen konntest, und dass es dir, auf welche Art auch immer, Freude beim Lesen gebracht hat.

Ich bin mir sicher, du hattest dein Herz ganz weit geöffnet und dennoch kann ich mir gut vorstellen, dass einige Passagen auch deinen Verstand auf den Plan gerufen haben, denn es sind teilweise auch komplexe Sachverhalte beschrieben. Ich wollte es so einfach wie möglich halten, auch in Anlehnung an die Einfachheit, die die Arbeit mit der Eliseenergie darstellt. Denn so lautet auch der Titel dieser Schrift: Elise. Ich habe das Gefühl, dass mir das nicht ganz so einfach gelungen ist, weil ich mich im Schreiben dazu entschieden habe, weiter auszuholen, um ein größeres Bild zu zeichnen. Darum der Untertitel: Funke des Erwachens. Ich bin guter Dinge, dass es genau so passend ist. Es war auch für mich eine interessante Erfahrung, bei diesem Werk einmal auf die Hilfe meiner lieben Freunde der Geistigen Welt zu verzichten – und, falls jemand fragt: „Wer sagt das?", mich hinzustellen und zu sagen: „Ich, Nama´Him, sage das."

Außerdem ist es mir noch ein Anliegen dir zu sagen, dass obwohl ich durchweg die Du-Form gewählt habe, sodass deine Seele sich erinnern kann, ich dir persönlich, der/die du das gelesen hast, nicht versichern kann, ob du zum Beispiel an jedem Punkt der Geschichte der Erdzeitalter auch inkarniert hattest oder nicht. Das sind meine Erinnerungen zu den Geschehnissen. Die Aussagen über die Vorkommnisse im Universum hingegen stammen von der Geistigen Welt, den Engeln, in meinen Worten zum Ausdruck gebracht. Es macht sowieso keinen Sinn, die vorgetragenen Abläufe einfach zu glauben. Entscheidend ist, was es mit dir macht. An welchen Stellen der Chronologie findest du dich wieder, wo hast du was gefühlt?

Wahrheit ist etwas sehr Subjektives. Es gibt so viele Wahrheiten, wie es Menschen gibt, weil die Dinge aus verschiedenen Perspektiven nun einmal unterschiedlich aussehen können; weil der eine diese Worte für das Gleiche wählt und der andere jene; weil jeder immer nur den Teil aufnimmt, für den er im Moment Resonanz verspürt. Es gibt die eine, große Wahrheit: die Liebe. Das ist das, was wirklich zählt, dass du dir erlaubst, die Liebe die in dir ist, zuzulassen. In dieser Wahrheit finden alle anderen Wahrheiten ihre Berechtigung und ihren Platz.

Du trägst deine Wahrheit in dir und deine Seele sendet dir Impulse, was für dich richtig und gut ist, was für dich stimmig ist und was nicht. Wenn du deiner Wahrheit, die sich verändern und erweitern kann, treu sein kannst und dafür einstehst, dann bist du auf dem richtigen Weg. Die Treue zu dir ist die wichtigste Art der Treue, es ist Wahrhaftigkeit.

Wenn du dich für die Arbeit als Elise-Heiler und -Trainer interessierst oder über die Elise-Mila-Trainerliste Elise-Heiler in deiner Nähe finden willst, dann gehe auf: www.celeson.com

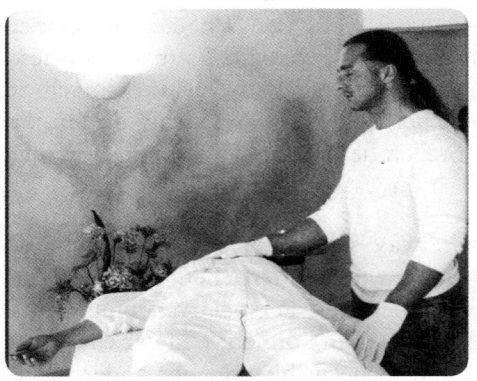

Dort findest du auch unser weiteres Angebot für die spirituelle Entwicklung in der Neuzeit, wie der Weg SA'MAA'TAH, Ausbildungen zum Medium oder zum/zur Magnetischen Meister/in, und mehr.

Wir freuen uns auf deinen Besuch.

Aus ganzem Herzen danke ich dir für deine Liebe und Aufmerksamkeit. Möge das Wunder Zeuge sein.

Dein André Nama´Him

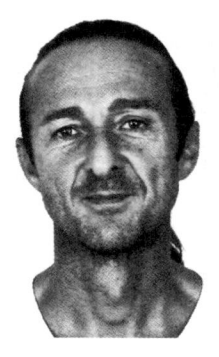 Nama´Him sind die Ursprungstöne von Andrés Seele und sie bedeuten „Kosmischer Bote". Er lebt mit seiner Frau Isabelle Adamea und ihrem gemeinsamen Sohn in Rosenheim. Dort führen sie seit 2004 gemeinsam ein spirituelles Ausbildungszentrum mit Namen Celeson. Sie geben dort sowohl Einzelsitzungen als auch Kurse für die persönliche Heilung und Entwicklung und bilden auch zu verschiedenen Themenschwerpunkten aus.

Nama´Hims Aufgabe ist es, in erster Linie mit Botschaften der Liebe aus den Geistigen Welten, die Menschen bei ihrer Bewusstwerdung und ihrem Erwachen zu unterstützen. Diese Fähigkeit als Medium und seine tiefe Verbindung zu Jesus Christus – aber auch zu anderen Lichtwesen, wie zum Beispiel Engel Nathaniel, Laotse, Lady Nada, Melek Metatron und Toth, um einige zu nennen – fließt in all sein Wirken als Lichtpionier und Wegbereiter der Neuen Zeit ein.

Daraus sind bereits gechannelte Bücher mit den Titeln „An die Lichtpioniere" und "Laotse´s Live-Ticker - die 3. Zeit hat begonnen", im Christa Falk Verlag erschienen.

Wichtiger Hinweis:

Dieses Buch stellt keinen medizinischen oder psychologischen Ratgeber dar. Die im Buch veröffentlichten Empfehlungen wurden von Verfasser und Verlag sorgfältig erarbeitet und geprüft. Eine Garantie kann dennoch nicht übernommen werden. Ebenso ist die Haftung des Verfassers bzw. des Verlages und seiner Beauftragen für Personen-, Sach- und Vermögensschäden ausgeschlossen.

Cover: Benjamin Chamuel Heller
Layout: Benjamin Chamuel Heller
Lektorat: Miriam Shana Lee/Manfred Soran Wirtz

ISBN 978-3-946088-07-3